Richard Webster

Ángeles
para principiantes

Una guía para comprender y conectar
con tus guardianes y guías divinos

KEPLER

Argentina – Chile – Colombia – España
Estados Unidos – México – Perú – Uruguay – Venezuela

Título original: *Angels for Beginners – Understand and Connect with Divine Guides and Guardians*
Editor original: Llewellyn Publications, Woodbury, MN 55125 USA – www.llewellyn.com
Traducción: Rosa Arruti

1.ª edición Octubre 2017

Copyright © 2017 by Richard Webster
All Rights Reserved
© 2017 de la traducción *by* Rosa Arruti
© 2017 *by* Ediciones Urano, S.A.U.
  Aribau, 142, pral. – 08036 Barcelona
  www.edicioneskepler.com

ISBN: 978-84-16344-12-3
E-ISBN: 978-84-16990-69-6
Depósito legal: B-21.164-2017

Fotocomposición: Ediciones Urano, S.A.U.
Impreso por: Rodesa, S.A. – Polígono Industrial San Miguel – Parcelas E7-E8
31132 Villatuerta (Navarra)

Impreso en España – *Printed in Spain*

ÁNGELES PARA PRINCIPIANTES

Dedicatoria

Para Kiera, nuestro ángel más pequeño

Acerca del autor

Richard Webster, uno de los escritores más prolíficos de Nueva Zelanda, es autor de más de cincuenta títulos para el sello Llewellyn. Entre sus libros más vendidos se incluyen *El arte de leer los rostros*, *Spirit Guides and Angel Guardians*, *Milagros: de tu diario vivir*, y una serie de libros sobre *feng shui*. En 2008, MagicNZ le otorgó un galardón de reconocimiento a toda su carrera por su «excelencia como escritor de literatura mágica». Su libro *Spirit and Dream Animals* recibió un premio COVR en 2012. En 2013, Richard fue nombrado Gran Maestro de Magia por los magos de Nueva Zelanda. Ha aparecido en numerosos programas televisivos, incluidos *Hard Copy* y *20/20*. Sus libros se han traducido a treinta y un idiomas.

Índice

Introducción

D e pequeño no veía a menudo a mi abuela, que residía a casi mil quinientos kilómetros de distancia. Por este motivo, cuando venía a visitarnos era habitual que se quedara a pasar varias semanas con nosotros. Era una mujer severa que intimidaba un poco, pero guardo recuerdo de unos cuantos momentos de ternura, como tenerla sentada en la cama enseñándome poesías tradicionales y oraciones para niños cuando yo apenas tenía cinco o seis años. Esta conocida oración es la que mejor recuerdo:

> *Mateo, Lucas, Juan y Marcos,*
> *Bendigan la cama donde descanso.*
> *Cuatro esquinitas tiene mi cama,*
> *Y cuatro angelitos que me acompañan.*
> *Uno para rezar, otro para guardar,*
> *Y dos para llevarse al cielo mi alma.*

Por suerte no supe qué significaba el verso final hasta muchos años después. De cualquier modo, seguramente fue la primera vez que oía hablar de los ángeles.

Aunque iba a un colegio religioso, lo único que allí me habían enseñado era que los ángeles eran «ayudantes de Dios» que se ocupaban de la transmisión de mensajes divinos. En cambio, mis amigos católicos del vecindario mencionaban de vez en cuando a su ángel de la guarda. Cuando pregunté al capellán del colegio a qué se referían, me contestó que los niños del colegio católico de nuestra calle tenían ángel de la guarda, pero nosotros no lo necesitábamos. Ya había cumplido los veinte años cuando descubrí por fin que también tenía un ángel de la guarda y que, además, lo necesitaba. Me llevó mucho más tiempo comprender la importancia de los ángeles en otros muchos aspectos de la vida.

Hay personas que descubren a los ángeles cuando ven uno por primera vez o perciben una presencia angelical. Un amigo mío que vivió en Japón durante varios años se despertó una noche y encontró un angelito alado vestido con un kimono en su habitación. Como no era una persona religiosa, se quedó muy sorprendido.

Mi vecina de la casa contigua ha visto ángeles en varias ocasiones. Los percibe como resplandecientes bolas doradas de luz y encuentra su visión reconfortante, ya que siempre aparecen en momentos en que necesita ayuda o debe tomar una decisión trascendental.

Muchas personas viven experiencias así, pero no se dan cuenta hasta mucho después de que han percibido la presencia de un ángel. Un buen ejemplo es el de una mujer mayor que fue a visitar a sus nietos que vivían a ciento cincuenta kilómetros de distancia. Como era invierno, no resultaba sencillo conducir por las carreteras secundarias cubiertas de nieve. Buscó un lugar para aparcar a un lado de la carretera y decidió esperar a que mejoraran las condiciones antes de continuar hacia su destino. Tras cerrar los seguros, se tendió en el asiento posterior e intentó dormir un poco. Al cabo de media hora oyó unos toques suaves y persistentes en el parabrisas. Según me contó, movida por la curiosidad y sin sentir temor alguno, cosa poco habitual en ella, bajó un poco la ventanilla y llamó a quienquiera que fuera o lo que fuera.

Un joven vestido de impecable traje de oficina se acercó a la ventanilla y la saludó. Dijo que vivía en una casa de labranza próxima y que había visto cómo aparcaba el coche. Dada la nevada y la caída en picado de la temperatura, se había acercado para ver si podía ser de ayuda.

«Puede quedarse a pasar la noche en nuestra granja si lo desea —explicó—. O puedo conducir yo mismo su coche hasta la casa de sus nietos.»

La mujer se quedó tan sorprendida que hasta mucho después no reparó en lo extraño que resultaba que alguien que vivía en una granja vistiera ropa de oficina y supiera que ella iba a ver a sus nietos.

«La verdad, me gustaría llegar a casa de mis nietos», contestó ella.

El hombre parecía tan sincero y honrado que la mujer le permitió subir al coche y conducir el resto del trayecto. A medio camino, le preguntó cómo iba a regresar él a la granja. El hombre sonrió y respondió, «Alguien me espera para llevarme de vuelta». Una vez más, estas sorprendentes palabras le parecieron perfectamente normales a la cansada y confundida señora.

Al llegar a su destino, el joven le llevó el equipaje hasta la puerta principal, le tendió las llaves del coche y se dio media vuelta para marcharse.

«Gracias —dijo la mujer—. Dígame cómo se llama, por favor.»

El hombre sonrió, se fue andando hasta el final del camino de la casa y desapareció. Mientras llamaba a la puerta de su hija, la mujer tenía la sensación de que todo había sido una alucinación y que, en realidad, había conducido ella misma todo el trayecto en coche. Este pensamiento se desvaneció por completo cuando sus nietos abrieron la puerta preguntando quién era aquel hombre al que habían visto llevando su equipaje hasta la entrada. Ahora ella cree en los ángeles, pues está totalmente convencida de que el joven que la ayudó de hecho era uno.

Algunas personas reciben con regularidad mensajes angelicales. Por lo general surgen como pensamientos en la mente, aunque en algunos casos los oyen como si alguien les hablara. Una mujer que conocí me dijo que llevaba más de cuarenta años recibiendo mensajes de los ángeles y siguiendo sus consejos.

En una ocasión, dicha mujer iba en autobús y se preparaba para bajar en la siguiente parada. Recibió un pensamiento que decía que se quedara sentada. La dejó desconcertada, pero dada la confianza en su ángel de la guarda, se quedó donde estaba. Dos paradas después, subió un hombre que se sentó a su lado. Tenía una sonrisa agradable y no tardaron mucho en ponerse a charlar como si fueran amigos de toda la vida. Cuando el caballero llegó a su destino, le preguntó si querría tomar un café con él, a lo que accedió. Mientras bajaba del autobús pensó que aquello no era muy propio de ella, no obstante se sentía a gusto con este hombre, y disfrutaron de una grata conversación mientras saboreaban el café. Al acabar intercambiaron números de teléfono. La relación siguió adelante y a los dos años se habían casado. Si esta mujer no hubiera escuchado a su ángel de la guarda, es probable que nunca hubiera conocido a su futuro marido.

Numerosas personas han vivido la experiencia de sentir que un ángel las tocaba. Un conocido mío estaba en el hospital visitando a su esposa, enferma terminal de cáncer cuyo estado se deterioraba rápidamente. Sentado junto a la cama, mientras intentaba contener las lágrimas percibió un suave contacto en la mejilla. Saber que había ángeles a su alrededor lo reconfortó y le comunicó que su esposa y él volverían a encontrarse y continuarían su relación en la otra vida.

Algunas personas me han relatado la experiencia de sentirse rodeadas de alas de ángeles en ocasiones en que necesitaban protección. Aunque no han sido capaces de ver al propio ángel, la idea de que les ayudaba cuando verdaderamente lo necesitaban les aportaba fuerza y consuelo.

Desde los albores de la civilización se cree en la eficacia de los sueños como medio para recibir mensajes divinos. Cuando soñamos nuestras mentes están más receptivas a la imaginería y simbolismo de las comunicaciones divinas. A lo largo de los años mucha gente me ha contado experiencias con ángeles durante sus sueños. No es ninguna sorpresa ya que cuando dormimos nuestro cerebro racional —el hemisferio izquierdo— descansa, y somos capaces de acceder a nuestro subconsciente y tener en cuenta los mensajes divinos.

Mucha gente recibe indicios de una presencia angelical. Algunas personas advierten plumas blancas o experimentan una deliciosa fragancia floral que les comunica que hay ángeles en las proximidades. Otros oyen música angelical, como si un espléndido coro cantara solo para ellos. Unas chispas inexplicables de luz también pueden ser signos de su presencia. Ciertas personas los ven en las formaciones de nubes, mientras otras experimentan la fuerte sensación de encontrarse en compañía de ángeles. Por lo visto, estos seres celestiales dan a conocer su presencia de muchas maneras diferentes y personales en cada caso.

Tanto da cuál sea tu experiencia con los ángeles. La cuestión importante es acogerlos en tu vida y permitir que te ayuden. Este libro te servirá para ampliar el conocimiento sobre los ángeles, y es de esperar que te permita vivir una experiencia angelical en primera persona.

El primer capítulo analiza qué son los ángeles, su aspecto y lo que hacen. El segundo capítulo estudia su jerarquía y explica los diferentes grupos en que se dividen. En muchos aspectos es como un ministerio, con unas cuantas categorías diferentes. El capítulo tercero se centra en los ángeles de la guarda. Todos tenemos un ángel especial que nos protege, ayuda y guía desde el momento en que nacemos. Este capítulo servirá para comunicarte con él y fortalecer la conexión. El capítulo cuarto trata de los arcángeles, centrándonos en «los cuatro principales»: Miguel, Gabriel, Rafael y Uriel. El capítulo quinto estudia a algunos de los ángeles especialistas, como los de la sanación y la abundancia. Estos ángeles determinados están ahí para ofrecerte ayuda en situaciones especiales. El capítulo sexto aborda cómo comunicarse con los ángeles y el séptimo analiza la interacción con los reinos angelicales, incluyendo unos cuantos rituales que serán de ayuda. El capítulo octavo se ocupa de las apariciones de ángeles a lo largo de la historia y estudia unos cuantos ejemplos específicos de comunicación angelical. El apéndice A está dedicado al papel de los ángeles en el arte, la literatura y la música. El apéndice B incluye una lista de problemas e inquietudes, y sugerencias de ángeles específicos para resolverlos. Todas las citas bíblicas proceden de la Versión Autorizada de la Biblia del Rey Jacobo.[1] Las referencias que aparecen a lo largo del texto incluyen su número de capítulo y versículo.

Confío en que este libro te anime a investigar más a fondo el mundo de los ángeles y a convertirlos en una parte esencial de tu vida.

---

1. Para las citas bíblicas en castellano se ha usado principalmente la Biblia Reina Valera. *(N. de la T.)*

1

¿Qué son los ángeles?

Los diccionarios definen a los ángeles como seres espirituales que asisten a Dios y ejercen de mensajeros divinos. Casi todas las religiones principales aceptan la idea de los ángeles como intermediarios entre Dios y la humanidad. De hecho, la palabra ángel viene del término griego *angelos*, que significa «mensajero». En la Biblia los ángeles son descritos como «espíritus servidores al servicio de Dios enviados en ayuda de los que han de heredar la salvación» (Hebreos 1:14). Los ángeles son servidores de Dios que existen tan solo para cumplir su voluntad (Tobías 12:18). Juan de Damasco ofreció una descripción detallada de qué es un ángel: «Es un ser inteligente, dotado de libre arbitrio, en continua actividad incorpórea al servicio de Dios; enriquecido con la inmortalidad gracias al don del Altísimo, aunque solo el Creador sabe en qué consiste su esencia y puede definirla» (Juan de Damasco [1988] 2009).

Santo Tomás de Aquino creía que los ángeles se componían de puro pensamiento o intelecto. Podían adoptar cuerpos físicos cuando lo deseaban, pero incluso estos cuerpos se constituían de pensamiento puro. Maestro Eckhart, el teólogo y filósofo alemán, escribió: «Eso es todo lo que es un ángel; una idea de Dios» (Von Hochheim, 1998).

Aunque mucha gente lo ha intentado, nadie ha conseguido dar una respuesta concluyente a la pregunta, ¿qué son los ángeles? La opinión más generalizada parece definirlos como seres celestiales de luz pura que operan en una frecuencia vibracional diferente a la nuestra. Esto los hace invisibles al ojo humano. No obstante, los ángeles pueden cambiar su vibración si lo desean. Cuando la reducen hasta un nivel humano, podemos percatarnos de su presencia y en ocasiones incluso verlos. Los ángeles protegen y guían a la humanidad y por lo general se aparecen en situaciones extraordinarias, como cuando alguien necesita ayuda, protección o consuelo. Aunque la visión tradicional del ángel es la del pequeño querubín con alas, pueden cambiar de forma y figura a su antojo. Esto significa que es posible ver a un ángel con apariencia de persona, de mariposa u otras figuras aladas, de arco iris, luz brillante o cualquier otra cosa. Los ángeles carecen de sexo definido y pueden adoptar género masculino y femenino. Aun así, en la Biblia todas las referencias a ángeles parecen ser masculinas en vez de femeninas. En la tradición judía, los ángeles se consideran masculinos.

Como ya hemos visto, los ángeles pueden adoptar el aspecto que deseen. Aunque la Biblia los muestra siempre como varones adultos, existen muchas crónicas de ángeles manifestándose como niños, adolescentes y mujeres. El motivo es que estas apariencias no resultan por lo general amenazadoras, y estamos dispuestos a escuchar y comunicarnos con ellas. La gente suele esperar que los ángeles tengan alas, pero es un rasgo raro cuando optan por adoptar apariencia humana.

El Padre Pío siempre veía a su ángel de la guarda como un niño. En una ocasión respondió a una llamada a su puerta y dijo, «Ah, eres tú, mi Angelito. Eres tú, Pequeño» (Parente, 1984, pp. 28-29).

Los ángeles aparecen retratados a menudo como guerreros en una batalla interminable contra el mal. Tal vez sea este el motivo de que se les represente habitualmente en forma masculina. Dado su poderío, las primeras palabras que le dice un ángel a un ser humano en la Biblia son, «No tengas miedo» (Daniel 8:17; Daniel 10:11; Mateo 28:5; Marcos 16:6; Lucas 1:12-13; Lucas 2:9; Hechos 10:4).

Algunas personas afirman que las alas de los ángeles son creación de los propios artistas que las pintan para exponer las diferencias entre ángeles y seres humanos en sus obras. Sin embargo, en el Éxodo, libro escrito en el siglo VI a.e.c., ya se mencionan ángeles que poseen alas. Cuando Dios ordenó a Moisés construir el Arca de la Alianza, le dijo en concreto «Harás también dos querubines de oro; labrados a martillo los harás en los dos extremos del propiciatorio. Harás, pues, un querubín en un extremo, y un querubín en el otro; de una pieza con el propiciatorio harás los querubines en sus extremos. Y los querubines extenderán por encima las alas, cubriendo con sus alas el propiciatorio; sus rostros el uno enfrente del otro, mirando al propiciatorio los rostros de los querubines» (Éxodo 25:18-20).

En el libro de los Jubileos, uno de los textos religiosos apócrifos que quedaron fuera de la Biblia, se dice que los ángeles fueron creados el primer día, después de los cielos y la tierra, pero antes que el firmamento. Esto significa que los ángeles pudieron ayudar a Dios en la creación. Sin embargo, tradicionalmente se cree que los ángeles fueron creados el segundo día de la Creación. Sea cual fuere el día correcto, los ángeles viven en el cielo con Dios, y carecen de emociones como la ira o los celos que hacen infelices a la gente. Esta carencia de negatividad les permite vivir en presencia divina y disfrutar en presencia de Dios.

Los ángeles poseen voluntad propia. Lucifer es el ejemplo más célebre de ello, pues no contento con ser uno de los ángeles más importantes, decidió que quería el poder de Dios. Su actitud provocó la guerra en los cielos, de la que salió derrotado. Fue expulsado del cielo junto con sus seguidores, que según dicen constituían un tercio de todos los ángeles.

Otras autoridades en el tema creen que los ángeles adoran a Dios sin cesar, veinticuatro horas al día. Puesto que no necesitan dormir, son capaces de seguir adorando y alabando al Altísimo sin pausa durante toda la eternidad.

Nadie sabe cuántos ángeles hay, aunque el número es enorme. En Apocalipsis 5:11, Juan describe cómo «oí la voz de muchos ángeles alrededor del trono, y de los seres vivientes y de los ancianos; y el número de ellos era miríadas de miríadas y millares de millares».

Los ángeles a través de la historia

La creencia en los ángeles es inmemorial. La representación existente más antigua de un ángel se halla en una estela sumeria de seis mil años de antigüedad. Muestra una figura alada vertiendo el agua de vida en una taza perteneciente a un rey (Roland, 1999, p. 12). Hace cinco mil años, los antiguos sumerios ya creían en los mensajeros divinos y ángeles custodios. Los llamaban *anunnaki*, que significa «criaturas del cielo» (Garrett, 2015, p. 64). En nuestros días existen aún muchos de los relieves sumerios de seres alados grabados en piedra.

Dos mil quinientos años después, un ángel llamado Vohu-Manah comunicó el mensaje de Dios a un místico persa llamado Zoroastro, el fundador del zoroastrismo, religión que en la actualidad siguen practicando miles de personas en Irán e India Occidental. El zoroastrismo ejerció una gran influencia en las creencias del judaísmo, el cristianismo y el Islam. En dicha religión existen seis arcángeles y unos cuantos ángeles menores, inclusive el ángel de la guarda que vela por los intereses de un ser humano. A este ángel de la guarda lo llaman *fravashi*.

El concepto de ángel de la guarda cobró fuerza también en la antigua Mesopotamia, donde las personas vivían «rodeadas y protegidas por uno o más seres sobrenaturales a los que se encomendaba una función específica» (Oppenheim, 1964, p. 199).

El judaísmo adoptó a los ángeles como parte de su sistema de creencias, incluyendo también el concepto de arcángel. En el Antiguo Testamento aparecen dos arcángeles mencionados por su nombre: Miguel y Gabriel. Otros dos, Rafael (en el libro de Tobías) y Uriel (en el libro de Esdras), son citados en los textos apócrifos del Antiguo Testamento.

Hasta el siglo VIII e.c. el cristianismo no reconoció la realidad de los ángeles. En el año 325 el Primer Consejo Ecuménico aceptó la existencia de los ángeles, no obstante, esto se revocó veinte años después cuando el Segundo Consejo concluyó que la creencia en los ángeles se interponía en la devoción a Cristo. Finalmente, en el año 787 e.c., el Séptimo Sínodo Ecuménico decidió que la Iglesia Cristiana creía que los ángeles fueron creados para interceder entre el hombre y Dios.

El cristianismo creó toda una organización de ángeles distribuidos en categorías, similar a la jerarquía de una empresa. En el Nuevo Testamento se mencionan tronos, dominios, virtudes, potestades, principados, arcángeles y ángeles. Dos clasificaciones más, los querubines y los serafines, aparecen en el Antiguo Testamento, contabilizando nueve categorías de ángeles en total.

Santa Hildegarda de Bingen, la mística, abadesa, compositora y autora alemana, pensaba que la jerarquía de ángeles se ordenaba formando círculos concéntricos que facilitaban la comunicación entre los grupos. También creía en los ángeles de la guarda, pero consideraba que estos solamente asistían a gente que temía y amaba a Dios (Hildegarda, 1985).

Santo Tomás de Aquino, el filósofo, teólogo y jurista italiano, escribió *Summa Theologica*, donde explica el modo en que se comunican los ángeles, cómo viajan y por qué son esenciales para la vida en la tierra. Creía que los ángeles fueron creados a partir de intelecto puro, aunque también eran capaces de emplear su energía mental para generar una forma física si la necesitaban.

En el siglo XVI, el doctor John Dee, el célebre astrólogo y ocultista, y su adivino, Edward Kelley, afirmaron haber transcrito el lenguaje secreto de los ángeles. La sintaxis y gramática perfectas, por no mencionar la belleza de este lenguaje enoquiano no dejan duda sobre la comunicación de ambos con el reino angelical.

En el siglo XIX, la Orden Hermética del Alba Dorada adoptó este lenguaje angelical, despertando un interés renovado por el tema. El lenguaje enoquiano sigue empleándose en la magia ceremonial todavía hoy en día.

Emanuel Swedenborg, el eminente científico y filósofo sueco, es considerado, seguramente, la persona más famosa en la historia de la angelología. Se comunicaba regularmente con los ángeles y escribió numerosos libros sobre sus experiencias. Afirmaba haber visitado el cielo y hablado con los ángeles. Creía que eran invisibles para la mayoría de la gente dado que no reflejaban los rayos solares; sin embargo, era posible aprender a verlos mediante la intuición. Aunque consideraba que poca gente era capaz de hablar directamente con los ángeles, pensaba que todo el mundo podía beneficiarse de aprender más sobre los mismos. También creía que cada ángel había vivido en la tierra como ser humano antes de convertirse en ser celestial.

El teólogo suizo Karl Barth consideraba que los ángeles acercaban el cielo a los habitantes de la tierra. Cuando nos hablan, explicaba, estamos oyendo, en realidad, a Dios. Del mismo modo, cuando los ángeles actúan, es Dios quien está detrás de la acción. Karl Barth situaba a los ángeles tanto por encima como por debajo de los seres humanos. Se encontraban por encima de nosotros porque podían observar a Dios trabajando. Sin embargo, también los colocaba en un plano inferior, ya que el trabajo de Dios iba dirigido a los seres humanos más que al reino angelical. Escribió, «Negar a los ángeles es negar al propio Dios» (Barth, 1960, 486).

Los ángeles en el cristianismo

Buena parte de nuestro conocimiento sobre los ángeles proviene de la tradición cristiana, aunque no todos los Padres de la Iglesia estaban preparados inicialmente para aceptar a estos seres.

El cristianismo adoptó gradualmente el concepto de ángel de la guarda, pero no hay acuerdo acerca de si Dios proporciona a todo el mundo un ángel personal. Tres pasajes en la Biblia parecen aludir al ángel de la guarda.

«Pues a sus ángeles dará órdenes acerca de ti, para que te guarden en todos tus caminos. En sus manos te llevarán para que tu pie no tropiece con la piedra» (Salmos 91:11-12).

1. Jesús, hablando sobre los niños, dijo, «porque os digo que sus ángeles en los cielos contemplan siempre el rostro de mi Padre que está en los cielos» (Mateo 18:10).

2. Hechos 12 describe cómo un ángel rescató a Pedro de la prisión. La gente reunida en casa de María, madre de Juan Bautista, declaró, «Es su ángel» (Hechos 12:15).

Según la Biblia, los ángeles son seres dotados de gran inteligencia «para saber todo lo que hay en la tierra» (II Samuel 14:20). Posiblemente sean más conocidos como los mensajeros de Dios. Tienen un gran sentido del bien y del mal, y en circunstancias necesarias ejercen como guerreros de Dios. Ofrecen ayuda y protección a quienes las necesitan. Tal y como dice uno de los versículos más conocidos de la Biblia, «dará órdenes acerca de ti, para que te guarden en todos tus caminos» (Salmos 91:11). Ya que los ángeles son inmortales, no necesitan reproducirse. Por consiguiente, carecen de género y pueden presentarse en cualquier forma deseada. A menudo se manifiestan como seres humanos. Los ángeles constantemente velan el trono de Dios.

Los ángeles en el judaísmo

En la tradición judía, los ángeles son seres espirituales que no poseen cualidades físicas. Las alas y brazos mencionados en escritos judíos no deben interpretarse literalmente ya que hacen referencia a las cualidades espirituales de los ángeles. El término hebreo para denominar a los ángeles es *malach*, que significa mensajero. Estos seres espirituales no poseen voluntad propia, han sido creados para alabar a Dios y ser sus mediadores. A diferencia de la tradición cristiana, los ángeles judíos están programados para cumplir tareas específicas; algunos de ellos son creados para realizar una tarea concreta, y una vez cumplida el ángel deja de existir. Los ángeles judíos cantan y alaban a Dios a diferentes horas, haciendo turnos para garantizar su adoración las veinticuatro horas del día.

Los filósofos judíos disfrutan debatiendo si los ángeles que aparecen en la Torá —los primeros cinco libros de la Biblia— tenían forma física o solo eran una visión con apariencia de encontrarse en un cuerpo físico.

En la tradición judía no se adora a los ángeles. Dios toma todas las decisiones y los ángeles existen en exclusiva para cumplir instrucciones.

Según esta tradición, Miguel es considerado el guardián de los israelitas. Compasivo y bondadoso, también es fuerte y poderoso cuando hace falta. Es el ángel elegido normalmente para ejecutar las instrucciones de Dios. Gabriel es el ángel de la fuerza y el discernimiento; Rafael el de la curación, y Uriel anima a encontrar el buen camino y a permanecer en él.

Los ángeles en la Iglesia de los Santos de los Últimos Días

En Estados Unidos tuvo lugar un trascendental encuentro angélico el 21 de septiembre de 1823. Un ángel llamado Moroni se le apareció a un joven llamado Joseph Smith y le dijo que fuera a una colina en el estado de Nueva York donde encontraría unas cuantas placas de oro que contenían el libro de Mormón. Moroni se apareció a Joseph Smith tres veces durante la noche y de nuevo al día siguiente. Joseph encontró las láminas pero fue incapaz de retirarlas. Moroni apareció otra vez y dijo que aún no era el momento apropiado para retirarlas y traducirlas del hebreo al inglés. El joven esperó pacientemente durante cuatro años para empezar la traducción y, una vez traducidas las placas,

Moroni volvió de nuevo y se las llevó de regreso al cielo. Para entonces, Joseph había aprendido lo necesario para iniciar la Iglesia de Jesucristo de los Santos de los Últimos Días. En la actualidad una gran estatua de Moroni se eleva en lo alto del Templo Mormón de Salt Lake City.

Joseph Smith afirmaba también que ciertas personas de talento pueden convertirse en ángeles tras la muerte. Según esto, Juan Bautista, ahora un ángel, restableció el sacerdocio aarónico. Del mismo modo, Pedro, Santiago y Juan, antiguos discípulos pero ahora ángeles, restablecieron el sacerdocio de Melquisedec, religión según la cual todos los ángeles han vivido como seres humanos o bien se convertirán en humanos en algún momento futuro. Los ángeles que poseen forma física han vivido en la tierra como humanos y los ángeles que carecen de cuerpo todavía no han vivido como humanos. El mormonismo establece que Adán, el primer hombre, es el arcángel Miguel y Noé ahora es el arcángel Gabriel.

Los mormones consideran a los ángeles mensajeros de Dios, que poseen apariencia humana y no tienen alas. No se les adora ni venera ya que siempre actúan bajo la dirección de Jesucristo. No hay ángeles de la guarda en la religión mormona, pero los seres celestiales ofrecen consuelo, ayuda, protección y amor a los seres humanos.

Los ángeles en el Islam

La tradición musulmana también reserva un papel primodial a los ángeles. La creencia en los ángeles constituye uno de los seis artículos de fe. En el Viaje Nocturno, una de las piedras angulares del Islam, Djibril (el ángel Gabriel, conocido también como Jibril, Jibra'il y Gibrail) visitó a Mahoma en La Meca y huyó con él a Jerusalén, donde hablaron con Abraham, Moisés, Jesús, Juan Bautista y otros profetas. Después ascendieron una escalera al cielo, donde Djibril le llevó a conocer a Dios. Fue aquí donde Mahoma aprendió los principios del Islam, y

Djibril fue quien reveló a Mahoma el Corán, el libro sagrado de los musulmanes.

Según dicha religión los ángeles pueden adoptar diferentes formas, y sobre todo aparecer en visiones y sueños. María vio a Djibril con apariencia de hombre (Corán 19:17). Los ángeles que visitaron a Abraham se presentaron en forma humana. No obstante, la mayoría de la gente es incapaz de determinar qué aspecto tienen.

Al arcángel Gabriel le atribuyen haber enseñado a Mahoma los puntos fundamentales de la fe musulmana. En la tradición islámica, son dos ángeles, Munkar y Nakir, los responsables de interrogar a cada individuo acerca de su fe en el Día del Juicio Final. Djibril, el ángel de la revelación, está relacionado con el arcángel Gabriel cristiano. Mikal, el ángel islámico de la naturaleza, puede asociarse a Miguel. Izrail es el ángel de la muerte, e Israfil el encargado de tocar la trompeta el Día del Juicio Final.

Los musulmanes también creen en el ángel de la guarda. La sura 86, versículo 4, del Corán dice: «En verdad no hay alma que no tenga un protector sobre ella». De hecho, todo el mundo tiene dos ángeles personales que supervisan y dejan constancia de todos los actos de las personas a su cargo. Uno de los ángeles vela por la persona durante el día y el otro la protege durante la noche. En el Islam los ángeles no poseen voluntad propia, solo ejecutan las tareas que Dios les ordena. Por ejemplo, no transmiten a Dios las oraciones de los seres humanos.

El judaísmo, el cristianismo y el Islam son tres fes abrahámicas, y las tres tradiciones creen en la existencia de los ángeles. También aparecen seres similares a los ángeles en otras religiones.

Los ángeles en el hinduismo

Aunque en el hinduismo no existen ángeles, hay ciertos seres espirituales que actúan de modo muy similar. Los hindúes creen en los *devas*, «los luminosos», que habitan en un plano superior a los seres humanos.

Son espíritus benevolentes cuya tarea es motivar, proteger y alentar a la humanidad. Al otro lado se encuentran los *asuras*, que son espíritus malignos, *devas* caídos que viven en un plano inferior a estos. Por suerte para ellos, pueden reencarnarse en *devas* si realizan buenas acciones. Dedican su tiempo a entorpecer e impedir el desarrollo espiritual de las personas.

Los ángeles en el budismo

Los budistas no tienen ángeles como tales. Sin embargo, tienen *devas*, seres espirituales que por lo habitual se manifiestan como emanaciones lumínicas. Aunque no interfieren en las actividades humanas, se alegran cada vez que alguien realiza una buena acción en cualquier lugar del mundo.

Ángeles buenos y malos

Los Observadores (conocidos también como los Grigori) son una categoría de ángeles cuya misión era enseñar a la humanidad. Según el primer libro de Enoc, hace aproximadamente doce mil años doscientos miembros de este grupo se sintieron atraídos por las mujeres humanas y descendieron a la tierra sobre la cumbre del Monte Hermón, localizado a unos ciento cincuenta kilómetros de Jerusalén. Nerviosos y preocupados por la reacción de Dios a lo que se proponían hacer, establecieron un pacto según el cual se comprometían a mantener relaciones sexuales con mujeres. Pasaron nueve días más hasta que lograron entrar en contacto con los seres humanos. Entonces, con suma rapidez, cada uno de los ángeles «se corrompió». Además de esto enseñaron a las mujeres a usar maquillaje y acicalar sus cuerpos con gemas, brazaletes y adornos de metal. También instruyeron a la gente en el uso y elaboración de armas y transmitieron técnicas adivinatorias. Dios se disgustó extraordinariamente por lo que habían hecho estos ángeles y ordenó a Gabriel mantenerlos confinados en la tierra hasta el Día del Juicio Final.

Un pasaje del libro del Génesis hace alusión a estos «hijos de dioses» (Génesis 6:1-4) con una intrigante descripción. Estos ángeles se enamoraron de las mujeres humanas, y los hijos nacidos de estas uniones, descendientes de ángeles y mujeres, se llamaron Nefilims. Eran gigantes de más de ciento cincuenta metros que necesitaban grandes cantidades de comida y, cuando esta escaseaba, devoraban seres humanos e incluso otros Nefilims. Finalmente, Dios provocó el Gran Diluvio para eliminarlos definitivamente. Después de este descenso a la tierra, a los Observadores se les prohibió regresar al cielo.

En otra versión de esta historia, dos ángeles, Shemhazai y Azael, recibieron autorización para visitar la tierra y ver si la humanidad era digna de elogio. Sin embargo, los dos se sintieron dominados por el deseo y se acostaron con mujeres humanas. Shemhazai admitió su pecado y fue convertido en la constelación de Orión. Azael se negó a arrepentirse y aún sigue ofreciendo baratijas y prendas a las mujeres, con esperanza de hacer caer a los hombres en el pecado. Este es el motivo de que los pecados de Israel se arrojen cada año sobre él desde un precipicio con ocasión del Día de la Expiación.

Otra versión relata que una joven virgen se resistió a las proposiciones de estos ángeles y les pidió que le prestaran las alas. Una vez las tuvo, se fue volando al cielo y visitó el Trono de Dios. Tras oír su relato, Dios la transformó en la constelación de Virgo.

¿Cuántos ángeles hay?

La respuesta lógica a esta pregunta es «tantos como sean necesarios». Sin embargo, la gente no siempre es lógica, y la cantidad de cifras sugeridas es enorme. La Biblia recoge que Daniel contabilizó un centenar de millones en una visión (Daniel 7:10). Cuando el profeta

Enoc regresó del cielo dijo que había visto «innumerables ángeles, millares y millares, y miríadas de miríadas» (I Enoc 70:10). El Zóhar dice que se crearon seiscientos millones de ángeles el segundo día de la Creación (3:217a) No obstante, posteriormente nacieron ángeles adicionales. Alberto Magno, el monje dominico que enseñó a santo Tomás de Aquino, creía que el total era de casi cuatro mil millones (Guiley, 1996, p. 37). Yo sigo pensando que la respuesta es «tantos como sean necesarios».

La guerra en el cielo

La guerra en el cielo tuvo lugar cuando Lucifer, el ángel más bello y sabio de todos, decidió que ya no necesitaba aceptar la autoridad de Dios. En el libro de Ezequiel, Dios le habla a Lucifer: «Perfecto fuiste en tu conducta desde el día en que fuiste creado, hasta que se halló en ti la iniquidad» (Ezequiel 28:15).

El profeta Isaías describió el crimen de Lucifer: «¡Cómo caíste del cielo, oh Lucero, hijo de la mañana! Derribado fuiste por tierra, tú que debilitabas a las naciones. Tú que decías en tu corazón: subiré al cielo, en lo alto, junto a las estrellas de Dios» (Isaías 14:12-13). Es posible que este pasaje de Isaías pretendiera describir al rey de Babilonia más que a Lucifer. No obstante, como resultado, el nombre de Lucifer se ha convertido en sinónimo de Satán. Además de estos, se emplean otros muchos nombres para designar al demonio, incluidos Abadón, Asmodeo, Belzebú, Belial, Dragón, Príncipe de la Oscuridad, Serpiente y Culebra.

Aproximadamente una tercera parte de los ángeles del cielo se unió a Lucifer. En 1273 el cardenal obispo de Tusculum afirmó que el cómputo total era de 133.306.668 ángeles (Ronner, 1993, p. 67). La persona que los contó no ha sido identificada todavía.

El arcángel Miguel ocupó el mando de los ejércitos de Dios, y el Apocalipsis del apóstol Juan (San Juan el Divino) ofrece una breve descripción de la batalla: «Entonces se desató una guerra en el cielo: Miguel y sus ángeles lucharon contra el dragón; y el dragón y sus ángeles pelearon, y no pudieron vencer, y no hubo ya lugar para ellos en el cielo. Así fue expulsado el gran dragón, aquella serpiente antigua llamada Diablo y Satanás, que engañaba al mundo entero: junto con sus ángeles fue arrojado a la tierra» (Apocalipsis, 12:7-9).

Lucifer, aquí llamado Satán o el dragón, y sus ángeles fueron condenados al infierno.

Pese al arrepentimiento constante y el dolor que padecen como consecuencia de sus actos, estos ángeles caídos siguen intrigando y buscando la manera de derrotar al cielo al final de los tiempos. Pero volverán a caer derrotados en la batalla, y esa vez todos serán destruidos.

El Corán ofrece un relato alternativo sobre los motivos de la expulsión de Lucifer del cielo. Por lo visto, después de que Dios creara a los seres humanos, ordenó a todos los ángeles someterse al servicio de la humanidad. Lucifer (conocido como Iblis en el Corán) se negó a hacerlo. Considerando que los ángeles eran creados a partir de fuego y los hombres de arcilla, creía que él era mejor que los humanos. Dada su negativa a seguir la palabra de Dios, Lucifer (Iblis) recibió órdenes de abandonar el cielo (Corán 2:34; 7:11-18).

La historia de Lucifer y la guerra en el cielo resulta útil al cristianismo para ofrecer una explicación a la existencia del bien y del mal. Dios no creó ángeles buenos y malos; los ángeles caídos escogieron el mal. Tanto los ángeles como los hombres actúan a su libre albedrío y disponen de capacidad para escoger entre el bien y el mal. Los ángeles caídos eligieron el mal y como resultado están recibiendo castigo durante toda la eternidad.

2

La jerarquía de los ángeles

Aunque en un principio se atribuía a los ángeles el papel de protectores y consejeros, durante los primeros años del cristianismo unos cuantos escritores como san Jerónimo, san Ambrosio, san Gregorio y otros, desarrollaron una jerarquía de ángeles que ayudaban a Dios a realizar sus propósitos en el universo y los clasificaron en varios grupos. La creencia en una jerarquía angélica desempeña un importante papel tanto en el cristianismo como en el judaísmo, pero no aparece en otras religiones.

Todas las organizaciones cuentan con una jerarquía que constituye un sistema de clasificación de las personas unas sobre otras. Es similar a una pirámide en la que el presidente ocupa el lugar más alto y los recién incorporados la parte inferior. En la jerarquía angélica, los ángeles principales son los más próximos a Dios y los menos importantes se encuentran más cerca de los seres humanos. Existen diversos sistemas de clasificación, propuestos por diferentes personas como san Ambrosio, San Jerónimo, San Gregorio y Juan de Damasco. Sin embargo, el sistema que acabó aceptado por la mayoría de los angelólogos fue el ideado por Pseudo Dionisio, que vivió a finales del siglo v y principios del siglo VI e.c.. De hecho, fue Pseudo Dionisio quien acuñó la palabra «jerarquía», empleando dos términos griegos, *hieros* («sagrado») y *arkhia* («regla») para crear el nuevo vocablo.

Este personaje desconocido fue probablemente un monje sirio pese a su nombre griego. En sus escritos afirmaba ser san Dionisio Areopagita, convertido al cristianismo por san Pablo y más tarde primer obispo de Atenas y mártir cristiano. Dado que el hombre que adoptó este nombre vivió muchos siglos después del verdadero Dionisio, algunas personas dudaron desde el principio de la autenticidad de su obra, pero no fue hasta el siglo XVI cuando se empezó a cuestionar la autoría, y de hecho hasta el siglo XX se consideró generalmente como autor verdadero a san Dionisio. Aunque se desconocen los motivos de Pseudo Dionisio, es probable que pensara que sus ideas encontrarían mejor aceptación si firmaba como el mártir griego. Fue una práctica común a lo largo de su vida, y no hay duda de que sus escritos adquirieron mayor relevancia que si hubieran sido publicados bajo su propio nombre.

Uno de los libros de Pseudo Dionisio fue *La jerarquía celestial*, que obtuvo rápidamente estatus casi canónico, mantenido durante casi mil años. Santo Tomás de Aquino, conocido como doctor Angelus («doctor angélico») empleó la clasificación de ángeles de Pseudo Dionisio en su libro *Summa Theologica*, una obra aún de enorme importancia en la teología católica. Dante Alighieri, el poeta y político italiano, introdujo un cambio en la lista de Pseudo Dionisio. En su poema épico *La Divina Comedia*, cambió el orden de los arcángeles y principados, colocando a los arcángeles en el séptimo lugar de la lista y a los principados en octavo. Varios eminentes teólogos, entre los que hallamos a Alain de Lille, san Buenaventura, Juan Duns Scoto, Hugo de San Víctor y Thomas Gallus, escribieron comentarios sobre la obra de Pseudo Dionisio.

En ella, el autor definía una jerarquía como «un orden sagrado, un estado de comprensión y una actividad lo más próxima a lo divino posible» (Pseudo Dionisio, 1987, p. 153). «El objetivo de una jerarquía

—escribió Pseudo Dionisio— es permitir a los seres parecerse a Dios todo lo posible y estar en paz con él» (Pseudo Dionisio, 1987, p. 154).

El teólogo estaba muy influenciado por los pensamientos platónico y neoplatónico que ensalzaban el número tres. Por consiguiente, empezó por clasificar los nombres de los nueve grupos tradicionales de ángeles, que aparecen todos ellos mencionados por su nombre en la Biblia, pero sin referencia a su condición o categoría. Pseudo Dionisio ordenó estos nueve grupos en tres de tres, conocidos como tríadas. Cada una de las tres categorías de ángeles que componían una tríada se clasificaba luego en tres niveles de inteligencia. El primero, el nivel más alto es la unión o perfección; el segundo es la iluminación, y el tercero la purificación. Este sistema permite al espíritu divino descender al mundo y también permite a los seres humanos alcanzar el cielo.

En este sistema, Dios ocupa el centro, rodeado por nueve coros de ángeles. Cada ángel posee los poderes y capacidades de los grupos inferiores, pero no de los situados en el plano superior de la jerarquía. En *Paraíso*, la tercera parte de *La Divina Comedia*, Dante escribió:

«Todos estos órdenes hacia arriba miran,
Y al inferior superan,
De modo que hacia Dios todos están siendo tirados
    y todos tiran.»

(Canto XXVIII, 128-130)

Tríada primera:
Los ángeles próximos a Dios

Serafines

Los serafines son los ángeles más próximos a Dios. La palabra «serafín» proviene del hebreo *sarap* que significa «el que provoca fuego» o «el ardiente». Los serafines son los ángeles del fuego y la luz y pueden purificar a alguien con un relámpago. La única alusión bíblica a ellos aparece en Isaías 6:2-7, cuya descripción dice que poseen seis alas y que adoran a Dios sin cesar, veinticuatro horas al día. Los serafines repiten constantemente: «Santo, santo, santo, Jehová de los ejércitos: toda la tierra está llena de su gloria». Estas palabras aún constituyen en la actualidad una parte de los oficios judíos, y se llaman el *Kadosh*. Algunas fuentes afirman que los serafines tienen cuatro caras y que sus alas son de un rojo brillante y luminoso. El tercer libro de Enoc explica que los serafines tienen dieciséis cabezas, orientadas de cuatro en cuatro a cada punto cardinal. San Denis, obispo de París y mártir cristiano, llamó a los serafines «los príncipes del amor puro». Ni siquiera los miembros de los querubines pueden mirar a los serafines, ya que su luz divina y llameante es demasiado fuerte. Pese a ello, san Francisco de Asís vio un serafín, siendo la única persona que lo ha logrado. Al frente de los serafines se hallan los arcángeles Miguel, Serafiel y Metatrón. Entre otros miembros de este coro se encuentran Chamuel, Jahoel, Nathanael y Samael.

Querubines

El nombre querubín proviene del término hebreo *kerub*, que quiere decir «plenitud de conocimiento» o «emanación de sabiduría». Según Pseudo Dionisio, el nombre querubín significa «el poder de conocer y ver a Dios» (Pseudo Dionisio, 1987, 205C). Querubines con espadas llameantes vigilaban la entrada oriental del Paraíso Terrenal (Génesis 3:24). Según la tradición cristiana, Dios está entronizado sobre querubines de fuego que constituían Su Carro (Salmos 18:10; Ezequiel 10:1-22). Las figuras doradas labradas de dos querubines con las alas extendidas proporcionaban una protección simbólica al Arca de la Alianza que guardaba las tablillas de piedra en las que estaban inscritos los Diez Mandamientos (Éxodo 25:18-22).

El profeta Ezequiel tuvo una visión en la que vio querubines, a los que describió con cuatro caras: cada querubín con cara de hombre, león, buey y águila. También tenían cuatro alas, patas de ternero y manos de hombre. Parecían «candentes brasas de fuego candente» que despedían relámpagos (Ezequiel 1, 41:18). El arte asirio representaba a los querubines como seres alados con rostro de hombre o de león y cuerpo de toro, águila o esfinge. Hoy en día se representan normalmente como hombre altos con dos, cuatro o seis alas azules. Con frecuencia se dibujan como cabezas y alas sin cuerpo.

Los querubines se encargan de custodiar el sol, la luna y las estrellas. También guardan los archivos celestiales y ayudan a la gente a obtener conocimiento y sabiduría divina. El querubín disfruta con el trabajo minucioso y se encarga de mantener los documentos de Dios. También instruyen a las categorías inferiores de ángeles.

Los miembros más destacados de los querubines son Rafael, Gabriel, Rikbiel y Ofaniel. Otros miembros célebres son Jofiel, Kerubiel, Uriel y Zaphkiel. Es posible que Satán fuera un príncipe de los querubines antes de su caída.

Tronos

En la visión de Ezequiel, los tronos aparecían como grandes ruedas ardientes llenas de ojos. Eran las ruedas del carruaje del trono de Dios, conocido como Merkabah. De hecho, los tronos son grandes ruedas de fuego, con cuatro alas completamente cubiertas de ojos penetrantes. Los tronos siempre se hallan en presencia de Dios, a quien ensalzan constantemente con cantos y glorias. Según el Testamento de Adán, los tronos se sitúan justo delante del sitial de Dios.

Estos ángeles administran justicia divina a los habitantes de la tierra para mantener las leyes del universo y aconsejan a Dios cuando ha de tomar decisiones importantes. Los tronos son tranquilos, pacíficos y afectuosos. Mucha gente cree que la Virgen María pertenece a esta categoría. Los miembros más destacados de los tronos son Jofiel, Orifiel, Raziel y Zaphkiel.

Segunda tríada:
Los príncipes o líderes del reino celestial

Dominios o dominaciones

A menudo este grupo es considerado el de los ángeles más viejos. Su trabajo es supervisar a las categorías inferiores en la jerarquía y dan las órdenes necesarias para garantizar el funcionamiento correcto del universo. Los serafines, querubines y tronos no necesitan supervisión alguna. Los dominios llevan en la mano izquierda un báculo con una cruz en lo alto y en la derecha un sello con un monograma de Jesús, simbolizando el poder y autoridad de este grupo de ángeles. Por lo general se representan con dos alas, vestidos con túnicas verdes y doradas. Pese a su poder, son también ángeles misericordiosos. Los miembros destacados de esta categoría son Hashmal, Muriel, Zacarael y Zadkiel.

Virtudes

Las virtudes ponen en práctica los deseos de los dominios y supervisan todas las leyes naturales del universo. Según la tradición hebrea, los milagros que vulneran estas leyes también quedan bajo su responsabilidad. Gregorio Magno pensaba que Dios empleaba a las virtudes para realizar la mayoría de los milagros. Estos ángeles ayudan a la gente a cobrar valor y llevarse bien con los demás. A menudo se alude a las virtudes como los «luminosos» o «radiantes». Según el libro de Adán y Eva, dos virtudes y doce ángeles ayudaron a Eva cuando estaba embarazada de Caín (Charles, 1913, xxi:1). «Dos hombres con atavíos blancos» acompañaron a Jesús en su ascensión al cielo (Hechos 1:10). La creencia generalizada es que estos hombres de blanco pertenecían al rango de las virtudes. También miembros de las virtudes hicieron de comadronas cuando Eva dio a luz a Caín.

La pintura religiosa cristiana representa por lo general a las virtudes portando una azucena o una rosa roja que simboliza la pasión de Cristo. Llevan un cinturón dorado alrededor de la cintura.

El arcángel Miguel es el príncipe regente del coro de virtudes. Entre los miembros destacados de este grupo se incluyen Barbiel, Cassiel, Gabriel, Peliel, Rafael y Uzziel.

Potestades

El nombre *«potestad»* indica que estos ángeles poseen poderes muy superiores a los de los seres humanos. Una de sus tareas es mantener los registros «akásicos» y proteger las almas de las personas. Las potestades impiden que los demonios y otros espíritus malignos intenten dominar al mundo. También han dado muestra de gran valor y, por este motivo, vigilan los caminos que dirigen al cielo.

La pintura religiosa representa normalmente a los miembros del coro de potestades como hombres corpulentos con armadura, sujetando a demonios encadenados. A veces también sostienen un báculo en la mano derecha.

Por lo general Chamuel es considerado el jefe del coro de potestades. Sin embargo, algunas autoridades afirman que Gabriel, Rafael o Verchiel lo dominan. Otros miembros destacados de este grupo incluyen a Camael y Samael.

Tercera tríada:
Ángeles del Señor

Principados

Los principados supervisan y protegen países, ciudades, pueblos y lugares sagrados. También aconsejan y guían a líderes religiosos en pos de la verdad. Otra de sus tareas es motivar y ayudar a los ángeles de la guarda en su trabajo. El apóstol Pablo menciona en siete ocasiones a los principados. Son buenos administradores que participan en el gobierno del universo (Romanos 8:38; Efesios 1:21, 3:10, 6:12; Colosenses 1:16, 2:10, 2:15).

Los miembros de los principados aparecen en la pintura vestidos normalmente con armadura y una corona. La corona simboliza al «príncipe» en el mundo de los principados. Por regla general llevan una cruz, un cetro o una espada.

Según John Milton, Nisroc es el jefe de esta categoría. Entre otros miembros destacados de este grupo se incluyen Amael, Anael, Cerviel y Requel.

Arcángeles

A menudo a los arcángeles se les llama ángeles regentes. Esto se debe a que dirigen la voluntad de Dios y controlan las estaciones, el movimiento de las estrellas, las aguas de la tierra y toda la vida vegetal y animal. También se encargan de inscribir en el registro las encarnaciones de cada persona en el mundo. Otra de sus tareas es supervisar a los ángeles de la guarda. Los arcángeles son los mensajeros más importantes de Dios, y Dios los utiliza cuando tiene que transmitir mensajes extremadamente importantes a los seres humanos.

La Biblia identifica a dos arcángeles por su nombre, sin embargo, Miguel es el único que afirma ser un arcángel en la Biblia. La primera referencia a Miguel aparece en Judas 9. En Daniel 10:13 se le describe como «uno de los príncipes principales» y en Apocalipsis 12:7-8 se le muestra como el guerrero de Dios: «Entonces se libró una batalla en el cielo; Miguel y sus ángeles combatieron contra el dragón, y este contratacó con sus ángeles, pero fueron vencidos y expulsados del cielo». Por este motivo siempre se ha creído que los arcángeles dirigen los ejércitos de Dios en la eterna batalla contra el mal.

El otro arcángel mencionado por su nombre en la Biblia es Gabriel, a quien se identifica con claridad como mensajero de Dios (Daniel 8:16,

9:21). Gabriel visitó a Zacarías y le dijo que su esposa, Isabel, iba a darle un hijo: «Yo soy Gabriel, que estoy en presencia de Dios, y he sido enviado para anunciarte estas buenas nuevas» (Lucas 1:19). Gabriel se le apareció además a la Virgen María, casada con José, para comunicarle que también ella iba a tener un hijo: «Y al sexto mes el ángel Gabriel fue enviado por Dios a una ciudad de Galilea llamada Nazaret» (Lucas 1:26).

Rafael protege y ayuda a Tobías, y así lo refiere el libro de Tobías, que forma parte de la Biblia católica.

El apóstol Juan describió haber visto a los «siete ángeles que estaban de pie ante Dios» (Apocalipsis 8:2) y tradicionalmente se ha considerado que estos ángeles se corresponden con los siete arcángeles. No obstante, algunas personas han sugerido otros nombres para este papel. Rafael, Gabriel, Miguel y Uriel salen en la mayoría de las listas. Pseudo Dionisio pensaba que los arcángeles eran Chamuel, Gabriel, Jofiel, Miguel, Rafael, Uriel y Zadkiel. La lista citada en el libro de Enoc es la aceptada habitualmente: Uriel, Raguel, Gabriel, Miguel, Seraquiel, Haniel y Rafael. El judaísmo y el cristianismo reconocen a siete arcángeles; el Islam a cuatro.

La única otra alusión a arcángeles en la Biblia es la que aparece en I Tesalonicenses 4:16: «Porque el Señor mismo con voz de mando, con voz de arcángel y con trompeta de Dios, descenderá del cielo». Se dice que Rafael es el príncipe de los arcángeles.

Ángeles

De toda la jerarquía angélica, los pertenecientes a este grupo son humildes trabajadores, los ángeles más cercanos a los seres humanos. Si los serafines son generales, los ángeles son soldados rasos del ejército de Dios. Hay millones de integrantes de este grupo y, aunque han sido vistos por los seres humanos con frecuencia, normalmente no se identifican por el nombre.

Los ángeles siempre han sido los mensajeros de Dios. La palabra ángel procede del griego *angelos*, que significa «mensajero». En hebreo se llama a los ángeles *mal'akh*, que también significa «mensajero». Comunican a Dios las oraciones de la gente y transmiten también sus respuestas. Además hacen de intermediarios cuando Dios desea comunicar algún mensaje a los hombres.

¿Por qué los arcángeles ocupan una categoría tan baja?

Mucha gente expresa sorpresa al saber que los arcángeles ocupan el segundo lugar por la cola en la jerarquía angélica, pese a que su nombre deriva del término griego *archein*, que significa «más importante», «supremo» o «líder». En esta jerarquía los grupos de ángeles más importantes están clasificados por proximidad a Dios. Los menos importantes se hallan supuestamente más cerca de la humanidad. Dado que, bajo circunstancias especiales, los hombres consiguen ver ángeles y arcángeles y, sin embargo, son incapaces de ver ángeles de rango más elevado, los arcángeles figuran inmediatamente encima de los ángeles.

La situación parece aún más complicada si se tiene en cuenta que Miguel es considerado el capitán de las huestes de Dios, algo que lo convierte en el ángel más importante de todos. La razón de que surgiera este problema es que inicialmente existían solo dos grupos: ángeles y arcángeles. A lo largo de los siglos, los estudiosos propusieron otros coros diferentes de ángeles, hasta crear diversas categorías.

En el texto griego del Testamento de Leví, escrito entre 153 y 107 e.c., tanto Dios como los arcángeles viven en el cielo más elevado (Charles, 1908, 3:3-6).

3

Vuestros ángeles
de la guarda

¿Alguna vez has pensado «Algo me dice que no haga eso» o «Parece agradable, pero simplemente no me fío de él»? Todos tenemos una vocecilla en el interior de nuestras cabezas que nos guía y orienta. Hace muchos años, con ocasión de una serie de charlas que di en una cárcel de máxima seguridad, varios presos me explicaron que habían oído una voz advirtiéndoles de que no hicieran algo, pero lo hicieron de todos modos. Lamentaban ahora no haber seguido ese consejo. ¿Es posible que estos mensajes lleguen de nuestro ángel de la guarda?

Todo el mundo tiene un ángel de la guarda que guía a la persona desde el día de su nacimiento hasta la fecha del final de su vida. Hay gente que cree que empieza a velar de su protegido en el momento de la concepción. Estos seres celestiales ofrecen protección, consejo y compañía. Su objetivo final es propiciar que las almas a su cuidado alcancen la salvación.

El concepto de ángel de la guarda se remonta mucho en el tiempo, empezó en la antigua Mesopotamia donde la gente creía que tenía un dios personal llamado *massar sulmi* («guardián de la seguridad de las personas»). Los zoroástricos llamaban *fravashis* a estos seres protectores. Los antiguos griegos tenían sus *daemons*, espíritus que guiaban a las personas a lo largo de toda la vida. Los romanos creían que cada hombre contaba con un espíritu guardián llamado *genius* y que cada mujer tenía un *juno*.

Existen alusiones bíblicas a los ángeles de la guarda. En una ocasión, hablando sobre los niños, Jesús dijo: «Guardaos de menospreciar a uno de estos pequeños; porque yo os digo que sus ángeles, en los cielos, ven continuamente el rostro de mi padre que está en los cielos» (Mateo 18:10). David, el salmista, escribió: «Pues Él dará órdenes a sus ángeles acerca de ti, para que te guarden en todos tus caminos» (Salmos 91:11-12).

En los Hechos de los Apóstoles, san Pablo vio a su ángel de la guarda cuando una tormenta alcanzó durante varios días el barco en el que iba prisionero. El ángel dijo: «Y ahora os exhorto a tener buen ánimo, porque no habrá pérdida de vida entre vosotros, sino solo del barco» (Hechos 27:22). Esta profecía resultó correcta; todo el mundo a bordo se salvó, aunque el barco acabó destruido. San Pablo escribió también: «¿Acaso no son todos espíritus al servicio de Dios, enviados en ayuda de los que han de heredar la salvación?» (Hebreos 1:14).

También los Hechos de los Apóstoles recogen otra referencia interesante a un ángel de la guarda (Hechos 12:6-17). Una noche un ángel despertó a san Pedro, que había sido encarcelado por el rey Herodes. Las cadenas que le retenían cayeron al suelo y el ángel acompañó al apóstol hasta el exterior donde quedó libre. En un principio Pedro pensó que estaba experimentando una visión; solo cuando el ángel se esfumó comprendió lo que había sucedido en realidad. Entonces Pedro fue a casa de María, la madre de Juan, donde se había reunido mucha gente para rezar. Una joven llamada Roda acudió a abrir la verja. Ilusionada al oír la voz de Pedro, se fue corriendo a contárselo a los demás, que dijeron: «Estás loca... Es su ángel» (Hechos 12:15).

Pedro tuvo que convencer a todo el mundo de que era él en verdad y no un ángel.

Los primeros Padres de la Iglesia reconocían todos la realidad de los ángeles de la guarda, sin embargo, no eran capaces de decidir si los paganos o personas no bautizadas disponían de ángeles personales. Tampoco se ponían de acuerdo respecto a cuándo el ángel de la guarda empezaba a velar de la persona a su cargo. San Jerónimo escribió: «Qué grande la dignidad del alma, pues cada uno tiene desde el nacimiento un ángel encargado de cuidarla» (Jerónimo, 2008, xviii, lib II). San Anselmo pensaba, sin embargo, que los ángeles de la guarda quedaban asignados antes del nacimiento pues escribió: «Cada alma se confía al cuidado de un ángel cuando se une con el cuerpo» (Anselmo, 2008, parte II, línea 31).

Orígenes, un teólogo cristiano que escribió exhaustivamente sobre los ángeles, creía que Dios dejaba el alma al cargo de un ángel en cuanto la persona se convertía al cristianismo. También creía que todo el mundo tenía un ángel bueno a la vez que uno malo. El ángel bueno guiaba a la persona; el malo le hacía caer en la tentación. Esta idea también era una creencia popular en el judaísmo.

Hacia el año 150 de nuestra era apareció un librito llamado El *pastor de Hermas*, que se hizo tremendamente popular. El texto, leído incluso en las iglesias, ejerció una influencia enorme en los creyentes al menos durante dos siglos. El pastor del título era en realidad el ángel de la guarda de Hermas, un antiguo esclavo que creía que todos nosotros tenemos dos ángeles. Uno que nos anima a hacer el bien y otro que nos tienta hacia el mal (*El pastor de Hermas* [1926] 2009).

El concepto de ángel de la guarda era popular en la Edad Media. Santo Tomás de Aquino, firme creyente de los ángeles de la guarda, era conocido como el Doctor Angelus (doctor angélico). Creía que los ángeles de la guarda podían dejar a su persona temporalmente pero nunca de modo permanente, hiciera lo que hiciese esa persona. Creía además que los ángeles de la guarda permanecían con sus protegidos incluso después de la muerte, y continuaban a su lado en el cielo (parte 1, pregunta 113, artículo 4).

El Padre Pío fue un sacerdote católico que exhibía estigmas en su cuerpo. Esto quiere decir que las señales de la crucifixión de Cristo aparecían en sus manos y pies. Empezó a ver por primera vez de niño a su ángel de la guarda. Cuando ya era adulto, este ángel podía asistirle de muchas maneras, inclusive la traducción de cartas que recibía de todo el mundo de personas que precisaban su ayuda. Era capaz de atender su correspondencia en la propia lengua del remitente. En su biografía del Padre Pío, el padre Parente escribió, «La guía espiritual de almas la ofrecía el Padre Pío sobre todo gracias a la ayuda y dirección de su Ángel de la Guarda» (Parente 1984, p. 113). El Padre Pío fue santificado el 16 de junio de 2002. Durante toda su vida pronunció una oración diaria a su ángel de la guarda:

> *Ángel de Dios,*
> *Mi guardián,*
> *A quien me confía*
> *La bondad del Padre Celestial.*
> *Ilumíname,*
> *Protégeme y guíame*
> *Ahora y por siempre jamás.*
> *Amén*

El papa Pío XI recurría a su ángel de la guarda cuando deseaba resolver problemas. Antes de cualquier reunión que considerara potencialmente difícil, rezaba a su ángel de la guarda y le pedía que hablara con los ángeles de las personas con las que iba a tratar para asegurar que la reunión fuera bien. Por lo visto, esta costumbre le funcionó de maravilla. Los dos ángeles resolvían cualquier problema, y la reunión era un éxito, transcurriendo sin conflictos.

Un pontífice posterior, Juan XXIII, mencionaba con frecuencia al ángel de la guarda en sus charlas radiofónicas. Recordaba constantemente a los padres que enseñaran a sus hijos que nunca estaban solos pues tenían un ángel protector cuidando de ellos (Guiley, 1994, pp. 59-60).

En 1968, el papa Pablo VI aprobó el establecimiento de la Opus Sanctorum Angelorum («Obra de los Ángeles Santos»). Esta organización, llamada Opus para abreviar, incluye entre sus objetivos fomentar la creencia en el ángel de la guarda. Durante el primer año de estudio, sus iniciados prometen a Dios amar a su ángel de la guarda y cumplir sus deseos; también aprenden su nombre. En etapas posteriores, los iniciados participan en una ceremonia con velas prendidas y prometen parecerse a sus ángeles y venerarlos. La fase final incluye una ceremonia de consagración dedicada a la jerarquía angelical completa.

Antes de pronunciar su *Regina Coeli*, el 31 de marzo de 1997, el papa Juan Pablo II dijo, «invoquemos a la Reina de los ángeles y los santos para que, mediante el apoyo de nuestros ángeles de la guarda, podamos ser testigos auténticos del misterio pascual de nuestro Señor» (Juan Pablo II).

Aunque no forme parte de la doctrina de la Iglesia Católica, los católicos creen que todo el mundo tiene un ángel de la guarda cuya tarea es cuidar y proteger a la persona que le han encomendado. El 2 de octubre, la Iglesia Católica Romana celebra la Festividad del Ángel de la Guarda. La siguiente oración católica se enseña a los niños y goza de gran popularidad:

> *Ángel de la guarda, dulce compañía,*
> *No me desampares ni de noche ni de día,*
> *No me dejes solo, que me perdería.*
> *Ángel de la guarda, ruega a Dios por mí.*
> *Amén*

Esta oración no es solo para niños. El papa Juan XXIII la pronunciaba cinco veces al día.

¿Qué hacen los ángeles de la guarda?

Según la tradición cristiana la tarea principal de un ángel de la guarda es velar por que el alma transite por el buen camino en la vida y vaya finalmente al cielo. Casi todo el mundo conoce el cometido angelical de guiar y proteger a las almas que tiene bajo su custodia, sin embargo, los ángeles de la guarda tienen tareas adicionales.

1. Se esfuerzan en ayudar al alma a alcanzar la salvación, algo que se logra mediante la gracia de una deidad o a través de la oración y buenas acciones de cada persona.

2. Ofrecen protección cuando el alma se encuentra en peligro. Para la mayoría de las personas esto significa protección ante las dificultades en el mundo físico, pero los ángeles de la guarda protegen además de la «trampa del diablo» (II Timoteo 2:26).

3. Incitan buenos pensamientos y actos. Por lo general, el alma no es consciente de que el ángel anima con delicadeza a la persona a hacer el bien y estimula sus buenos pensamientos. En los casos en que se advierte esta influencia, por lo habitual llega en forma de intuición o pensamiento. También puede percibirse como la voz de la conciencia. El 2 de octubre de 2014, el papa Francisco dijo que cuando tenemos presentimientos como «debo hacer esto, eso no está bien, ten cuidado», se trata de la voz de nuestro ángel de la guarda o «compañero de viaje» (Schneible, 2014). No obstante, tu ángel de la guarda solo puede ayudarte cuando estás dispuesto a escuchar y seguir su consejo; tu ángel no invalidará tu propia voluntad.

4. Los ángeles de la guarda oran por las personas a su cargo. Mucha gente cree que entretejen sus oraciones con las de las almas

por las que velan para así conseguir que estos rezos sean más eficaces, del agrado de Dios.

5. Los ángeles de la guarda devuelven al buen camino a las almas descarriadas. Cuando alguien se aparta de la senda de la rectitud y las buenas acciones, su ángel se esfuerza por alentar a esta persona a reconsiderar su vida y no apartarse del buen camino.

6. Los ángeles de la guarda revelan la voluntad de Dios. Un buen ejemplo de esto lo recoge el Génesis 22:9-18 donde un ángel impide a Abraham sacrificar a Isaac hablándole de la enorme influencia que sus descendientes iban a tener en el mundo. El ángel le explicó: «Y en tu simiente serán benditas todas las naciones de la tierra, porque tú has obedecido mi voz» (Génesis 22:18).

7. Los ángeles de la guarda alaban continuamente a Dios y animan a las personas bajo su custodia a hacerlo también.

8. Los ángeles de la guarda fortalecen y consuelan a la gente que sufre.

9. Los ángeles de la guarda protegen y ayudan a las almas en el momento de la muerte. Según la tradición católica, visitan con regularidad a sus protegidos cuando estos se encuentran en el purgatorio. Una vez han expiado todos sus pecados, sus ángeles los acompañan al cielo. María, Reina de los Ángeles, decide en qué momento están listas las almas.

Por desgracia, pocas personas son conscientes de todo lo que está haciendo su ángel de la guarda por ellas. San Ignacio de Loyola, fundador de los jesuitas (Sociedad de Jesús), dijo que los hombres debían avanzar espiritualmente para llegar a percibir y experimentar la sutil y amable, a la vez que insistente, energía de sus ángeles.

Cómo percibir a tu ángel de la guarda

Mucha gente confía en su ángel de la guarda. En su imaginación lo visualiza vestido con túnica blanca, rodeado de una luz blanca pura y posiblemente con un arpa en la mano. En realidad poca gente es capaz de ver a su ángel, pero cualquiera puede aprender a percibirlo. Se consigue de diversas maneras.

Entendimiento

Esta experiencia a menudo va acompañada de una sensación de bienestar y protección; la persona de pronto sabe que su ángel de la guarda va a estar siempre ahí velando por su seguridad.

Una amiga mía percibió a su ángel mientras residía en Londres. No encontraba trabajo y vivía con la angustia constante de que acabaría expulsada de su diminuta habitación en una pensión. Era demasiado orgullosa como para pedir ayuda a sus familiares y, sin dinero, su vida social se volvió casi inexistente. Un día, mientras acudía a otra entrevista de trabajo, de pronto supo que la acompañaba una presencia, y más tarde se percató de que era su ángel de la guarda. Esto le dio una seguridad inmediata y, por primera vez en la vida, no se puso nerviosa durante la reunión. Dos días después la llamaron para una segunda entrevista e inmediatamente después consiguió el puesto. En la actualidad, tras muchos años, todavía se comunica a diario con su ángel especial, a quien atribuye todo lo bueno que le ha sucedido.

Sueños

Mucha gente vive una experiencia en sueños con su ángel de la guarda. Dado que los sueños nos ayudan a entender lo que sucede en nuestras vidas, no es de extrañar que nuestro ángel pueda aparecer en ellos. Por lo habitual, es algo que sucede al azar, pero es posible alentar a tu ángel de la guarda a que te hable en sueños, solo tienes que repetirte a ti mismo mientras te quedas dormido, «Pronto mi ángel de la guarda aparecerá en mis sueños».

Es buena idea mantener un diario de tus sueños junto a la cama, pues permite escribir todo lo que recuerdas nada más despertarte, antes de que se esfume al iniciar la jornada. Me gusta quedarme tumbado en la cama durante unos minutos, sin cambiar de posición, y analizar lo que recuerdo. Una vez hecho esto, me levanto y escribo. Es una buena manera de rememorar tus experiencias con el ángel de la guarda. Sin embargo, comprobarás también que los sueños son útiles en otros muchos aspectos, ya que permiten comprender y obtener información sobre todas las áreas de nuestra vida.

Pensamientos y sensaciones

Con frecuencia nuestros ángeles de la guarda se comunican con nosotros a través de pensamientos y sensaciones. Es obvio que la mayoría no provienen de nuestro ángel, no obstante, de vez en cuando experimentamos algún pensamiento cuya fuente sabemos que no es nuestra propia mente. Muchas personas creativas viven esta experiencia con regularidad, y yo creo que la «inspiración» les llega de su ángel de la guarda.

Algunas personas que han triunfado en el mundo de los negocios también experimentan este tipo de sensación, en algunos casos es lo que les ha llevado al éxito en sus especialidades elegidas. A un amigo mío se le da sumamente bien crear empresas y luego venderlas en el momento adecuado para lograr los máximos beneficios. Lo ha hecho al menos una docena de veces en los últimos veinte años, y no le importa contar a todo el mundo que es una vocecilla la que le dice qué empresa comprar y cuándo es el momento de vender.

Intuición

La intuición está muy relacionada con pensamientos y sensaciones. Todos tenemos presentimientos de vez en cuando y nos dejamos llevar por la intuición. Una buena manera de permitir que fluya es reservar momentos de tranquilidad para hacer una pausa y esperar a ver qué quiere compartir contigo tu mente intuitiva. Cualquier acción repetitiva que no implique un pensamiento consciente también estimula la intuición. Cada vez que tengo un problema con alguna obra que estoy escribiendo salgo a caminar. Intento no pensar demasiado en mis textos mientras disfruto de la caminata, pero, casi siempre, cuando vuelvo a sentarme delante del ordenador, la respuesta estará ahí en mi mente. Yo creo que es mi ángel de la guarda que ha venido en mi ayuda.

Hace poco me contó una historia interesante un conocido mío que dirige el departamento de relaciones públicas de una gran empresa. Había entrevistado a varias personas para un puesto de responsabilidad en la empresa. La lógica le decía que diera el empleo a un candidato concreto que le había causado una gran impresión en las entrevistas. Al volver a casa decidió ponerse en contacto con este candidato por la mañana para decirle que tenía el puesto. Sin embargo, más tarde, cuando ya no pensaba en cuestiones laborales, tuvo de pronto el presentimiento de que otro candidato sería una mejor elección. Se trataba de alguien que ya había descartado mentalmente durante el proceso de entrevistas; esta corazonada le creó confusión y desconcierto. Su esposa le recomendó que se dejara guiar por su intuición, y él siguió el consejo con cierta reticencia. Este candidato desempeñó finalmente un trabajo excelente en la empresa, y por otro lado, tres meses después la persona que casi había contratado fue arrestada por robar dinero a su anterior compañía. Mi amigo atribuyó esta buena decisión a una intuición enviada por su ángel de la guarda. «Tuvo que ser mi ángel personal, que me protegía y ayudaba», me dijo.

Oración

La oración es otra buena manera de entrar en contacto con tu ángel. Lo único necesario es rezar como haces normalmente, y durante tus oraciones pedir ayuda para entrar en contacto con él. Una vez hayas establecido el contacto, puedes hablar con tu ángel especial cada vez que desees mediante una sencilla oración. Como he mencionado antes, el papa Pío XI rezaba a su ángel de la guarda cada mañana y cada noche. También le rezaba a lo largo del día si lo consideraba necesario.

Coincidencias, simultaneidad y serendipia

En más de una ocasión en que he dejado caer un libro al suelo de manera fortuita, al agacharme para recogerlo se ha quedado abierto en páginas que trataban con exactitud de algo que yo buscaba. Por consiguiente, cada vez que experimento una coincidencia, sucesos de simultaneidad o serendipia, hago una pausa para comprobar si mi ángel de la guarda tiene algo que ver. A veces una coincidencia no es más que eso, pero en otras ocasiones sucede justo en el momento preciso, y yo sé que es algo más que una simple coincidencia.

Dibuja a tu ángel de la guarda

Por suerte, no hace falta ninguna habilidad artística para usar este método ya que serás la única persona que verá tu creación. Cualquier forma de creatividad puede mejorarse al pedir ayuda al ángel de la guarda. Por otro lado puedes aprovechar tu creatividad para lograr una experiencia con él.

Siéntate en algún lugar tranquilo y empieza a dibujar ángeles. Emplea colores variados y esfuérzate en hacerlo lo mejor posible. Cuando te concentras en dibujar ángeles atraes al tuyo personal hacia ti. Es probable que tu ángel empiece a influir en los movimientos del boli, y tal vez te des cuenta de que la calidad del trabajo mejora progresivamente.

Permanece atento

Tu ángel está contigo en todo momento y quiere ayudarte. Por esta razón, una buena manera de percibir su presencia consiste sencillamente en aceptar que se encuentra contigo y hablarle. Exprésate en tu manera habitual, como si charlaras con un amigo íntimo. Pide a tu ángel cualquier cosa que necesites, asegurándote de que tus peticiones se formulan con claridad. Una vez has hecho una petición, permanece tranquilo y seguro de que tu ángel hará todo lo necesario para que recibas lo solicitado, sea lo que sea. Ten presente que normalmente no caerá como llovido del cielo, así sin más. Lo más probable es que tengas que trabajar duro para conseguirlo, pero tu ángel especial propiciará las oportunidades necesarias para que puedas lograr tu objetivo.

¿Tiene nombre tu ángel de la guarda?

Sí, tiene nombre y está deseoso de comunicártelo si se lo preguntas. Puedes intentarlo de diversas maneras. Si encuentras un lugar tranquilo en un parque o en el campo donde relajarte en íntima comunión con la naturaleza, siéntate o túmbate, y concéntrate en pensamientos apacibles durante veinte o treinta minutos. Una vez te sientas relajado del todo, piensa en tu ángel de la guarda durante un minuto o dos. Piensa en todo lo que hace por ti, de lo que no eres consciente y te pasa desadvertido la mayoría de las ocasiones. Tras expresar tu gratitud en silencio, saluda a tu ángel. Espera en silencio. A mí personalmente me resulta práctico prestar atención a la respiración mientras espero una respuesta. Tal vez oigas un saludo casi imperceptible cuando llegue esa respuesta. Tal vez no oigas nada y en vez de ello tengas tan solo la intuición de que tu ángel ha contestado. Una vez establecido el contacto, puedes preguntar a tu ángel especial cualquier cosa que quieras saber. Es probable que las respuestas lleguen a tu mente como pensamientos o sensaciones, por lo cual costará distinguir si son respuestas del ángel o la voz de tu propia mente. Si ya disfrutas de conversaciones con tu ángel personal, estos pensamientos serán seguramente sus respuestas. La mayoría de las veces «sabrás» que es tu ángel quien te habla. Si eres de naturaleza intuitiva, tendrás una corazonada o la sensación de saber que te habla tu ángel de la guarda.

Una vez estés listo pídele que te diga cómo se llama. Quizá no recibas una respuesta inmediata. La contestación puede llegarte en forma de sueño o tal vez veas o leas de repente un nombre específico donde quiera que te encuentres. Al principio es posible que lo atribuyas a una coincidencia, pero si el mismo nombre sigue apareciendo de nuevo, sabrás que era un mensaje de tu ángel de la guarda. Esto puede suceder también incluso después de que tu ángel te haya comunicado su nombre. Es algo similar a cuando compras un coche y de repente ves esa marca y modelo concreto por todas partes.

A continuación expongo algunos métodos que puedes seguir para conversar con tu ángel de la guarda:

1. Es posible comunicarse en sueños con él. Antes de irte a dormir piensa en las diferentes preguntas que quieres hacerle. Encuentro útil ponerlas por escrito, pues me permite leer la lista antes de irme a dormir. Varias personas que conozco colocan las preguntas bajo la almohada pues creen que reciben una respuesta más rápida si «consultan con la almohada».

   Al despertarte por la mañana, permanece tumbado lo más quieto que puedas durante un minuto o dos, y busca en tu mente los recuerdos que haya dejado tu ángel de la guarda. Es buena idea tomar nota de ellos en cuanto te levantes. Yo uso un diario para mis sueños que guardo junto a la cama, pero puedes grabar las respuestas con un móvil o una grabadora digital.

2. Otra opción es crear un círculo mágico en tu sala de estar o en cualquier otro sitio donde no vayan a molestarte durante al menos veinte minutos. Puedes imaginar el círculo y colocar velas en los cuatro puntos cardinales: norte, sur, este y oeste. Enciende las velas y siéntate cómodamente en medio del círcu-

lo. Hace un tiempo yo era capaz de acomodarme en el suelo sin problemas, pero hoy en día utilizo una silla. Cierra los ojos y visualiza el círculo completo a tu alrededor, como si estuvieras sentado dentro de un enorme tubo mágico. Visualiza este tubo llenándose gradualmente de luz blanca pura, hasta quedar rodeado de ella por completo. Piensa en tu ángel de la guarda y pregúntale si es buen momento para hacerle algunas preguntas. Espera su respuesta y luego, si ya es el momento adecuado, disfruta de la conversación.

3. Túmbate boca arriba en el suelo, cierra los ojos y respira profundamente varias veces. Con cada exhalación repite en silencio «relájate, relájate, relájate». Cuando estés listo, empieza a relajar todo el cuerpo centrando la atención primero en el pie izquierdo, deseando que se relaje. Repite lo mismo con el pie derecho, y asciende de modo gradual por tu cuerpo hasta lo alto de la cabeza. Una vez te sientas relajado por completo, piensa en el sitio más bello y apacible que conozcas. Puedes pensar en un lugar que hayas visto en el pasado o puedes crear una imagen magnífica y apacible en tu imaginación. Visualízate dentro de este hermoso decorado y sé consciente de que tu ángel de la guarda se encuentra contigo. Empieza por saludar y luego disfruta de una conversación agradable con este ángel tan especial.

4. Siéntate en una silla con respaldo recto, cierra los ojos y forma círculos uniendo tus dedos pulgares e índices, entrelazándolos a continuación. Esto crea un círculo de protección. Frota los pulgares y los índices entre sí y envía un mensaje silencioso a tu ángel de la guarda. Este método es más rápido que otros y resulta práctico cuando necesitas comunicarte deprisa con tu ángel o si estás haciendo este ejercicio en algún lugar donde no dispones de demasiado tiempo a solas. He empleado este mé-

todo varias veces en autobuses y trenes, y ninguno de los demás pasajeros se ha dado cuenta ni tenía idea de lo que estaba haciendo.

5. Otra buena manera de conversar con tu ángel de la guarda es hacer algo con lo que disfrutes especialmente. Podría tratarse de trabajar en el jardín, cocinar, practicar deporte, tocar un instrumento o leer un libro. En algún momento mientras disfrutas de tu actividad, sea cual fuere, haz una pausa y saluda a tu ángel de la guarda. Disfruta de la conversación y cuando hayas acabado vuelve a tu afición o interés. Este método suele funcionar bien, ya que cuando te pierdes en algo con lo que disfrutas particularmente, te encuentras en el estado mental perfecto para la comunicación angelical.

Muchos nombres de ángeles proceden del hebreo, y son apelativos difíciles de pronunciar para los occidentales. Por consiguiente, es posible que cuando tu ángel de la guarda te comunique su nombre te sorprenda el hecho de que se trate de un nombre muy vulgar. Es algo hecho aposta cuando un ángel cree que podrías encontrar dificultades en entender su nombre verdadero.

Cómo comunicarte con tu ángel de la guarda

Puedes comunicarte con él siempre que lo desees. Con diferencia la mejor manera es disfrutar de conversaciones frecuentes; resulta mucho más eficaz que llamarle solo cuando tienes problemas y necesitas ayuda. A continuación explico algunas maneras de mejorar la comunicación con tu ángel de la guarda. Descubrirás que tal vez funcione mejor para ti un método en particular, y no te sea necesario experimentar con los otros, o quizá prefieras simplemente escoger el sistema que parezca adecuado en un momento dado.

Oración

Cada mañana y cada noche rézale. Podrías empezar con la oración «Angel de la guarda, dulce compañía» y luego continuar con un rezo personal. Estas oraciones no tienen por qué ser formales. Dirígete sencillamente a tu ángel como si fuera un buen amigo, como de hecho es el caso. Haz pausas a intervalos regulares para escuchar una respuesta, y luego continúa con la conversación. Cuando sea hora de concluirla, da las gracias a tu ángel por todo cuanto hace por ti y despídete.

Escribe una carta

Siéntate en algún lugar tranquilo y apacible, y escribe una carta afectuosa y simpática a tu ángel de la guarda. Escribe sobre tus problemas y preocupaciones, pero incluye además información sobre lo que sucede en tu vida. Cuenta cosas acerca de tu familia y amigos. Escribe sobre tus esperanzas, sueños y algunas de las actividades agradables de las que hayas disfrutado recientemente. Expresa gratitud por todo cuanto has recibido en la vida. Cuando acabes la carta, expresa tu afecto al ángel y firma con tu nombre. Métela en un sobre, escribe el nombre de tu ángel de la guarda en él, ciérralo... y luego quémalo. Recoge las cenizas y espárcelas en el exterior. Convendría que realizaras un ritual o ceremonia en torno a la quema de la carta. Visualiza el humo que tu carta envía directamente a tu ángel. Aparte de otras consideraciones, escribir una carta es un buen modo de aclarar los problemas de uno y ver los asuntos con perspectiva.

Crea un altar

Encuentra un lugar donde puedas comunicarte con tu ángel de la guarda con cierta regularidad, donde no tengas que preocuparte de que vayan a molestarte. Tu altar puede ser cualquier superficie plana. Coloca sobre la misma algún objeto que te haga pensar en cuestiones espirituales. Tal vez te guste poner también una o dos velas, cristales y pequeños adornos. Cuida tu espacio espiritual y úsalo cada vez que vayas a comunicarte con tu ángel.

Lleva un diario angelical

Llevar un diario de las conversaciones con tu ángel de la guarda te permite hacer un seguimiento de todas tus comunicaciones con él durante un período determinado. Con el tiempo irá adquiriendo más valor para ti. Puedes escribir lo que desees en el diario. Antes de empezar a anotar entradas en el mío, me gusta escribir la fecha, el momento del día y dónde me encuentro. Escribir un diario es similar a redactar una carta, solo que por lo general no incluye las noticias sobre la familia y los seres queridos. Anota cuanto puedas de vuestras conversaciones y revísalas con regularidad para ver cómo progresan. Descubrirás que tu diario se va volviendo más espiritual a medida que lo usas.

Contemplación

Una oración contemplativa es aquella durante la cual esperas tranquilamente atento a ver si escuchas un mensaje divino. Es una mezcla de oración y meditación. Las personas que practican la oración contemplativa informan de experiencias más intensas de Dios que las que emplean otras formas de oración (Poloma, 1991, p. 62). Dado que una oración contemplativa requiere como mínimo treinta minutos, poca gente tiene tiempo para practicarla con regularidad. También es posible emplear la contemplación para comunicarte con tu ángel de la guarda.

Siéntate con calma, cierra los ojos e inspira tres veces, lenta y profundamente. Visualiza una escena apacible e intenta relajarte al máximo. Tal vez descubras que en este momento te ayuda pronunciar en silencio una breve oración a tu ángel. Una vez hecho, continúa esperando en silencio, con expectación. Descarta cualquier pensamiento aleatorio y superfluo que te venga a la cabeza, y mantente atento a lo que, probablemente, va a comunicarte tu ángel personal a través del pensamiento. Por tanto, es necesario evaluar todas tus cavilaciones antes de descartarlas. Por suerte, si da la casualidad que descartas un pensamiento enviado por tu ángel, él o ella volverán a transmitirlo, normalmente con más fuerza que en la primera ocasión. Una vez hayas entrado en contacto con tu ángel de la guarda, escucha con atención. Comunicarse a través de la contemplación requiere tiempo y esfuerzo, pero la ayuda que obtendrás te servirá para comprender todo mejor, merecerá la pena. Sabrás que ha concluido una sesión cuando tu ángel deje de hablar, y te descubrirás de nuevo en un estado de silencio apacible. Da las gracias y reza antes de inspirar tres veces, lenta y profundamente, y abrir los ojos.

Cómo crear a tu propio ángel de la guarda

Carl Jung escribió que los ángeles «solo eran los pensamientos e intuiciones de su Dios» (Jung, 1963, p. 302). Evidentemente, Jung creía que Dios creaba ángeles mediante el uso del pensamiento y la intuición. Tomás de Aquino parecía creer que los ángeles eran formas de pensamiento cuando escribió «Los ángeles se componen del aire ambiental del lugar donde aparecen, del que disponen y el cual condensan en forma apropiada» (citado por Evans, 1987, p. 45). El eminente angelólogo Gustav Davidson escribió: «Puedo afirmar que si creemos en los ángeles en número suficiente, los ángeles existen» (Davidson, 1967, xii).

Nuestros pensamientos y sentimientos crean constantemente formas de pensamiento. Un buen ejemplo de una forma de pensamiento creada deliberadamente sería la oración. Naturalmente, no tiene sentido rezar si una persona no cree que esa oración vaya a oírse. Cuando la gente reza, crea lo que los teósofos llaman una forma de pensamiento.

Las formas de pensamiento son paquetes de energía concentrada. Todos tenemos cincuenta o sesenta mil pensamientos al día. Se pueden representar en miles de pequeños paquetes sujetos a un largo trozo de cuerda. La mayor parte del tiempo, no tenemos control sobre ellos; un pensamiento nos lleva al otro, que luego da lugar a otra cosa, y así sucesivamente.

Recientemente, mientras me encontraba de vacaciones con mi esposa, nos despertamos un día con el olor a pan recién horneado. Me hizo pensar de inmediato en otras ocasiones en que también lo había olido en el pasado. Luego recordé el delicioso pan integral que solía hacer un vecino, y de pronto tuve cinco años de nuevo y volvía andando a casa desde la tienda con una gran barra de pan. Recuerdo bien un incidente en concreto, pues a mi madre no le hizo demasiada gracia que solo llegara media barra a sus manos... pues yo me había comido el resto mientras volvía a casa. Este es un ejemplo de la manera aleatoria en que funcionan los pensamientos.

Sería extremadamente poco probable que otra persona fuera capaz de seguir ese hilo de pensamientos al ser impresiones fugaces con poca energía o emoción asociada a ellas. No obstante, un pensamiento de importancia vital, como una preocupación importante o una oración, crean una forma poderosa de pensamiento.

Cuando Charles Dickens, el famoso autor, escribía sus libros, los personajes que creaba eran tan poderosos que se convertían en formas de pensamiento que afectaban cada aspecto de su vida. James T. Fields explicó de Dickens, «Me contó que cuando escribía *La vieja tienda de curiosidades* los seres imaginados le obsesionaban tanto que no le dejaban dormir ni comer en paz» (Fodor, 1933, p. 382).

Factores de una forma de pensamiento

Para crear a tu ángel de la guarda necesitas construir una forma poderosa de pensamiento. Hay cuatro factores a tener en cuenta: emoción, atención, relajación y atracción.

Emoción

Cuando la emoción se suma a un pensamiento, este se vuelve vibrante e inolvidable. Puedes comprobarlo tú mismo pensando en una experiencia negativa que tuviste de joven. Mientras piensas en ello, todas las emociones surgidas en aquel momento volverán a ti, aunque la experiencia ocurriera muchas décadas atrás. Ahora piensa en algo excitante que te haya sucedido de adulto. De nuevo, regresarán todas las emociones, ya que fue una experiencia de lo más memorable e importante. Finalmente, piensa en un incidente menos importante que tuviera lugar un día o dos antes. Dada la poca importancia y que no había emoción asociada, costará que se te ocurra algo.

Es una suerte que los recuerdos funcionen así. Si recordáramos absolutamente todo cuanto sucede a todas horas, nuestros cerebros no tardarían en abrumarse y no serían capaces de funcionar. Por este motivo las cosas poco importantes pasan más inadvertidas y, en algunos casos, ni siquiera llegan a nuestra atención consciente.

Para crear una forma de pensamiento efectiva necesitamos asociar toda la emoción posible a la misma. De hecho, cuanta más emoción podamos agregar, mayor efecto tendrá.

Atención

También es necesario ser capaz de concentrar claramente la atención en tu objetivo, que en este caso es crear a tu ángel de la guarda. Si puedes visualizarlo en tu mente, serás capaz de concentrarte y poner toda la atención en este objetivo.

Relajación

Necesitas estar lo más relajado posible para crear conscientemente una forma de pensamiento. Si tienes algún problema o preocupación necesitas resolverlo antes de empezar. También es preciso un entorno tranquilo y relajado. Reserva un rato durante el cual sepas que vas a tener pocas distracciones. Asegúrate de que la habitación en la que te encuentres se mantiene a buena temperatura, desconecta temporalmente el teléfono, ponte ropa cómoda y prepárate para relajarte al máximo.

Atracción

La Ley de la Atracción dice que atraes hacia ti todo aquello en lo que piensas. Si te concentras en la pobreza y las carencias, eso es lo que atraerás a tu vida. Asimismo, si te concentras en la felicidad y la abundancia, las traerás hacia ti. Puedes hacer esto de modo consciente, cambiando deliberadamente de pensamiento tan pronto puedas tomar conciencia de ideas negativas. Conozco a unas cuantas personas a quienes literalmente les ha cambiado la vida haciendo esto. A causa de esta Ley de la Atracción, necesitarás crear buenas formas de pensamiento afirmativo mediante el envío de emociones y pensamientos positivos y de buena calidad.

El proceso de creación

Ahora es el momento de empezar a trabajar en la creación de tu ángel de la guarda.

1. Prepara el espacio dentro del que vas a trabajar. Asegúrate de que la habitación se encuentra a la temperatura adecuada, cierra cortinas o persianas y desconecta el teléfono. Tal vez te apetezca poner un poco de música meditativa. Si lo haces, no uses ninguna canción reconocible ni temas de alguno de tus cantantes favoritos, pues es probable que te distraigan. Puedes adquirir *online* CDs de música Nueva Era, de relajación o sonidos apropiados para combatir el estrés, o bien comprarlos en tien-

das Nueva Era. Tal vez te apetezca quemar incienso y encender velas. Si lo haces, es preciso colocarlas cuidadosamente para evitar cualquier riesgo de incendio. Me gusta usar cuatro velas blancas ubicadas de manera que indiquen los cuatro puntos cardinales. Al hacer esto, trabajo en medio de un círculo imaginario con las velas señalando la circunferencia. Escoge una silla cómoda; una silla reclinable es ideal. Hacer este ejercicio tumbado en la cama no es una buena idea, pues lo más probable es que te quedes dormido. Yo me duermo con suma facilidad y hace mucho aprendí que solo debía hacer ejercicios de esta clase sentado en una silla confortable. La parte final de la preparación consiste en ponerse ropa cómoda y holgada.

2. Siéntate o acomódate en la silla y cierra los ojos. Cuando prescindes de alguno de tus sentidos, realzas los otros. Esto también descarta la posibilidad de distraerte fijando la atención de pronto en algo de la habitación. Por otro lado, con los ojos cerrados es más fácil visualizar.

3. Procura relajarte todo lo posible. Hay muchas maneras de hacerlo. El método más común se llama relajación progresiva. Comienza respirando hondo y despacio cinco veces, conteniendo cada inspiración durante unos momentos antes de exhalar lentamente. Olvídate de la respiración y concéntrate en la punta de los dedos del pie izquierdo. Visualízalos relajándote todo lo posible. Quizá percibas un leve hormigueo mientras sigues concentrado. Una vez se hayan destensado por completo, permite que la relajación se desplace a todo el pie. Repite la operación con el pie derecho. Una vez ambos pies estén relajados del todo, permite que esa agradable sensación se desplace hasta tus tobillos y continúe por una pierna y luego por la otra. No hay necesidad de apresurarse en ninguna de estas fases. Tómate todo el tiempo necesario con cada parte del cuerpo. Una

vez las piernas estén relajadas por completo, permite que la sensación ascienda por tu abdomen, pecho y hombros. Deja que tu brazo se relaje del todo y luego haz lo mismo con el otro. Seguidamente concéntrate en tu cuello y rostro. Permite también que se relajen los ojos, y que la sensación se desplace hasta lo alto de tu cabeza. Examina mentalmente todo tu cuerpo, y dedica todo el tiempo necesario a cualquier zona que aún no se haya relajado del todo.

Otra técnica consiste en tensar todos los músculos de un brazo y luego aflojarlos y permitir su relajación. Continúa con los músculos de tu otro brazo y repite la operación con las dos piernas, por turnos. Una vez acabes con brazos y piernas, deja que tu cuerpo, cuello y cabeza se relajen también.

Uno de mis métodos favoritos es alzar ambos brazos y contar mentalmente de cinco a uno. Cuando llegues al número uno deja que los brazos caigan a ambos lados o bien sobre tu regazo, permitiendo a continuación que todo tu cuerpo se relaje. Puedes conseguirlo en cuestión de segundos siguiendo esta técnica.

Otro método consiste en concentrarse en relajar los músculos alrededor de los ojos, los más delicados de todo el cuerpo. Una vez estos músculos se relajen por completo, probablemente descubras que también lo han hecho todos los demás músculos del cuerpo. Si no es así, permite que la agradable relajación en torno a tus ojos se propague por todo el cuerpo.

Todos estos métodos son sistemas que yo utilizo. Si no has practicado antes ninguna técnica de relajación, el mejor sistema para empezar es la relajación progresiva. Lleva más tiempo, pero con ella te aseguras la relajación total. Una vez estés familiarizado con este sistema, experimenta con los otros.

Cuando te hayas relajado por completo, estarás listo para pasar a la siguiente fase.

4. Toma conciencia de la quietud, la paz y tranquilidad que te rodean. Estudia mentalmente tu cuerpo para asegurarte de que está del todo relajado, y dedica atención especial a cualquier área que aún no lo esté.

5. Una vez la relajación sea total, visualiza el dorso de tu mano derecha. Si por casualidad eres zurdo, imagina tu mano izquierda. «Ve» el dorso de tu mano con el máximo de detalles posible. Una vez consigas visualizar el dorso de tu mano, dale la vuelta mentalmente para ver la palma. Visualízala lo más gráficamente que puedas. Representa las líneas principales y los pequeños dibujos que forman los relieves de la piel. Mientras imaginas en tu mente la mano, contémplala como la maravilla y milagro que es.

   Dedica todo el tiempo necesario a esta parte. Cuando te sientas preparado, vuelve la mano mentalmente y concéntrate en el pulgar. Continúa acercando el objetivo para observar la uña del pulgar, y deja que la uña crezca hasta convertirse en lo único que ves. La uña de tu pulgar es la pantalla que usaremos para proyectar tu forma de pensamiento.

6. Visualiza a tu ángel de la guarda. Contémplalo con toda la claridad posible en tu mente. En esta fase tal vez tengas la impresión de que tu mente se distrae. En caso de que esto suceda, visualiza de nuevo la uña del pulgar. Cuando la veas con claridad, imagina de nuevo a tu ángel de la guarda. Es posible que debas repetirlo varias veces, es perfectamente natural que nuestras mentes se distraigan, y no hay por qué preocuparse si sucede.

   Tu visualización del ángel de la guarda es única y personal. Tal vez veas un pequeño y lindo querubín. Podría ser un ángel alto, delgado, con preciosa túnica. Tu ángel puede ser una luz brillante y reluciente, expresión del amor divino. Es posible que no «veas» nada y que simplemente captes una impresión o conciencia de que tu ángel de la guarda está ahí. Usa la imaginación y permite a tu mente interior crear el ángel adecuado para ti, sea cual fuere.

La imagen creada vendrá determinada por tus orígenes y educación. Alguien de familia religiosa es probable que imagine un ángel de la guarda de aspecto tradicional, con grandes alas de blanco inmaculado, vistiendo largas y resplandecientes túnicas níveas; alguien que no haya crecido en un ambiente devoto, representará algo bien diferente. No importa, la imagen que crees en tu mente es perfecta para ti. Visualízala con la mayor claridad posible.

7. Tal vez no llegues hasta aquí en tu primer experimento para crear tu ángel de la guarda. No importa cuántas veces lo intentes ya que con cada tentativa te acercas un poco más al resultado deseado.

    Una vez puedas ver con claridad a tu ángel en tu mente, es preciso convertir esta imagen en una forma de pensamiento. Permite que la representación del ángel desaparezca y sea reemplazada por la imagen de la uña de tu pulgar. Una vez consigas ver esa uña en tu mente, deja que desaparezca y sea reemplazada por el ángel de la guarda. Cambia varias veces de una a otra. Cada vez que lo hagas, advertirás que poco a poco consigues intercambiarlas más deprisa.

8. Ha llegado la hora de dotar de emoción a tu ángel de la guarda. Piensa en un momento de tu vida en que te sintieras seguro, a salvo, feliz del todo y rodeado de amor. Si no has experimentado nunca esta clase de sentimientos, imagina lo maravilloso que debe de ser. Deja que estos sentimientos te envuelvan por completo y te llenen de un amor puro e indescriptible.

Disfruta de estas sensaciones durante un par de minutos. Cuando estés listo, visualiza de nuevo a tu ángel protector. Gracias al proceso de intercambio que realizaste en el paso 7, ahora esto debería de resultar fácil. En esta ocasión es preciso pasar varias veces del ángel a los sentimientos de amor perfecto. Esto graba la emoción poderosa del amor perfecto en tu ángel de la guarda.

9. Al llegar a esta fase, relájate y observa a tu ángel. Es probable que la imagen se vuelva más clara y seas capaz de percibir al ángel reflejando tu amor y devolviéndotelo. Cabe la posibilidad de que empiece a revelar su personalidad y tal vez te sorprenda con sus actos. Disfruta observando e interactúa con él cuanto puedas.

10. Ahora ya has alcanzado la fase en la que dejas libre al ángel de la guarda. Tu imaginación lo ha fabricado, al menos parcialmente, y luego tú le has añadido amor y conciencia. Tu ángel también ha desarrollado una individualidad, por consiguiente, aunque siempre actuará en tu beneficio, tal vez no siempre decida hacer lo que tú quieres.

11. Toma conciencia de nuevo de la uña del pulgar. Permite poco a poco que la visión se amplíe hasta llegar a ver con claridad la mano. Dale la vuelta mentalmente para que la palma quede hacia arriba. Visualiza a tu ángel de la guarda sentado en la palma de la mano.

Contémplalo durante unos momentos y luego expresa tu agradecimiento por su presencia ahí para ti. Comunícale todo el amor que puedas y visualiza el amor mientras es absorbido. Para finalizar, acerca mentalmente la mano a tus labios y sopla con suavidad. Observa a tu ángel despegar sobre tu mano y salir volando.

12. Antes de volver a tu mundo cotidiano, dedica unos momentos a pensar en lo que has logrado. Cuenta despacio de uno a cinco, abre los ojos y estírate. Cuando te sientas listo, levántate y continúa con la jornada.

Es poco habitual que alguien complete este ejercicio a la primera intentona. La mayoría de la gente ha de repetirlo varias veces antes de lograr los resultados deseados. No hay por qué preocuparse si te lleva más tiempo del esperado. Conserva la paciencia y lograrás hacerlo cuando menos te lo esperes.

¿Es real?

Me han hecho esta pregunta cientos de veces a lo largo de los años. Creo que la mejor respuesta es contestar con otra pregunta:

«¿Parece real tu ángel de la guarda?»

La persona siempre dice, «Sí».

«¿Cuida de ti el ángel de la guarda fabricado por tu imaginación?»

«Sí.»

«¿Te ofrece amor, consuelo y protección?»

«Sí.»

«En tal caso, ¿importa si tu ángel de la guarda fabricado es real o no?»

«No.»

Creo que los ángeles de la guarda que concebimos son reales. Cuando creas una forma de pensamiento, originas un paquete de energía viva repleta de afecto, sanación y cuidados. Carl Jung describió este proceso al escribir que «los ángeles personifican el proceso de hacer consciente algo nuevo surgido del inconsciente». Maestro Eckhart, el teólogo alemán, pensaba que los ángeles representaban las «ideas de Dios» (Nichols, 1980, p. 251).

Una vez te has demostrado a ti mismo la realidad de tu forma de pensamiento-ángel de la guarda creado, posiblemente te apetezca crear formas de pensamiento con otros propósitos. Por ejemplo, podrías enviar algunas de perdón, curación y amor a tus amigos y a cualquiera que pienses que vaya a beneficiarse de las mismas. Los receptores tal vez no sepan quién les ha enviado tales formas de pensamiento, pero experimentarán sentimientos y apreciarán los beneficios. Tú, a tu vez, experimentarás el placer y satisfacción de hacer algo que merece la pena, valioso para las personas que amas.

Los ángeles de la guarda Schemhamphoras

Los Schemhamphoras (o Shemhamphorae) son un grupo de setenta y dos ángeles que llevan los diferentes nombres otorgados a Dios en las escrituras judías. Las primeras referencias aparecen en el libro del Éxodo de la Biblia: «Date cuenta, yo enviaré un ángel delante de ti, para que te guarde en el camino y te traiga al lugar que yo he preparado. Sé prudente delante de él y obedece su voz; no te resistas, pues no perdonará vuestra rebelión, porque en él está mi nombre» (Éxodo 23:20-21). Los setenta y dos nombres de ángeles proceden del Éxodo 14:19-21. Cada uno de estos tres versículos contiene setenta y dos letras hebreas que combinadas de diversas maneras en columnas de tres letras crean los nombres de los setenta y dos ángeles. Esos setenta y dos nombres componen el nombre de Dios.

Según la creencia popular estos nombres poseían un poder espiritual especial, y los magos de hoy todavía los invocan en sus rituales. Según las enseñanzas cabalísticas, estos setenta y dos ángeles Schemhamphoras han sido instruidos para ejercer como ángeles custodios o guías. He aquí las fechas y los ángeles asociados a las mismas.

Aries

21-25 marzo: Vehuiah
26-30 marzo: Jeliel

31 marzo - 4 abril: Sitael
5-9 abril: Elemiah
10-14 abril: Mahasiah
15-20 abril: Lelahel

Tauro

21-25 abril: Achaiah
26-30 abril: Cahetel
1-5 mayo: Haziel
6-10 mayo: Aladiah
11-15 mayo (también 11-15 junio): Lauviah
16-20 mayo (también 17-22 julio): Hahaiah

Geminis

21-25 mayo: Iezalel
26-31 mayo: Mebahel
1-5 junio: Hariel
6-10 junio: Hakamiah
11-15 junio (también 11-15 mayo): Lauviah
16-21 junio: Caliel

Cáncer

22-26 junio: Leuviah
27 junio - 1 julio: Pahaliah
2-6 julio: Nelkhael
7-11 julio: Yeiayel (Jelalel)
12-16 julio: Melahel
17-22 julio (también 16-20 mayo): Hahaiah

Leo

23-27 julio: Nith-Haiah
28 julio - 1 agosto: Haaiah
2-6 agosto: Terathel
7-12 agosto: Seheiah
13-17 agosto: Reiyel
18-22 agosto: Omael

Virgo

23-28 agosto: Lecabel
29 agosto - 2 septiembre: Vasiariah
3-7 septiembre: Yehudiah
8-12 septiembre: Lehahiah
13-17 septiembre: Chavakiah
18-23 septiembre: Menadel

Libra

24-28 septiembre: Aniel
29 septiembre - 3 octubre: Haamiah
4-8 octubre: Rehael
9-13 octubre: Ieiazel
14-18 octubre: Hahahel
19-23 octubre: Mikael

Escorpio

24-28 octubre: Veualiah
29 octubre - 2 noviembre: Ylahiah
3-7 noviembre: Sealiah
8-12 noviembre: Ariel

13-17 noviembre: Asaliah
18-22 noviembre: Mihael

Sagitario

23-27 noviembre: Vahuel
28 noviembre - 2 diciembre: Daniel
3-7 diciembre: Hahasiah
8-12 diciembre: Imamiah
13-16 diciembre: Nanael
17-21 diciembre: Nithael

Capricornio

22-26 diciembre: Mebahiah
27-31 diciembre: Poyel
1-5 enero: Nemamiah
6-10 enero: Yeialel
11-15 enero: Harahel
16-20 enero: Mitzrael

Acuario

21-25 enero: Umabel
26-30 enero: Iah-hel
31 enero - 4 febrero: Anauel
5-9 febrero: Mehiel
10-14 febrero: Damabiah
15-19 febrero: Manakel

Piscis

20-24 febrero: Eyael
25-29 febrero: Habuhiah
1-5 marzo: Rochel
6-10 marzo: Jabamiah
11-15 marzo: Haiaiel
16-20 marzo: Mumiah

Puedes invocar a tu ángel de la guarda Schemhamphora cada vez que necesites consuelo, ayuda, consejo o amor. Dado que su nombre contiene letras que forman parte del nombre de Dios, este ángel de la guarda tiene una conexión divina especial que a veces proporciona resultados instantáneos.

4

Los arcángeles

El prefijo *arch-* procede de la palabra griega usada para «líder». Solo se menciona a tres ángeles por su nombre en la Biblia, y dos de ellos eran los arcángeles Miguel y Gabriel. El otro ángel al que se nombra es Lucifer. Sin embargo, Miguel es el único ángel descrito como arcángel en la Biblia (Judíos 9). Los siete ángeles que permanecieron ante Dios en el libro del Apocalipsis son considerados normalmente los siete arcángeles (Apocalipsis 15-17). Estos ángeles son Miguel, Gabriel, Rafael, Uriel, Raguel, Sariel y Remiel. Entre estos, Miguel, Gabriel, Rafael y Uriel se distinguen como los más importantes y son descritos como los «Cuatro Ángeles de la Presencia». Los libros primero y tercero de Enoc también hacen referencia a siete arcángeles. Rafael se describió a sí mismo como «uno de los siete ángeles sagrados que siempre están al servicio del Señor y tiene entrada a su gloriosa presencia» (Tobías 12:15).

La primera alusión a los siete arcángeles apareció en la descripción que en el siglo II a.e.c. hizo el profeta Enoc de su visita a los cielos en el primer libro de Enoc. En este caso eran Uriel, Rafael, Raguel, Miguel, Zerachiel, Gabriel y Remiel.

A lo largo de los siglos, distintas personas crearon listas de ángeles a quienes consideraban arcángeles. La lista del Testamento de Salomón incluye a Mikael, Gabriel, Uriel, Sabrael, Arael, Iaoth y Adonael.

San Gregorio Magno pensaba que los siete arcángeles eran Miguel, Gabriel, Rafael, Uriel, Simiel, Orifiel y Zachariel.

Dionisio Areopagita incluía en su lista a Miguel, Gabriel, Rafael, Uriel, Chamuel, Jofiel y Zadkiel.

Además de los ángeles ya mencionados, otros muchos han sido calificados como arcángeles. Entre ellos se incluyen Adnachiel, Anael, Asmodel, Barchiel, Camael, Cambiel, Cassiel, Hamaliel, Malchedael, Metatrón, Mizrael, Perpetiel, Raziel, Sachiel, Sahaqiel, Samael, Sandalfón, Saraqael, Sariel, Sealtiel, Sidrael, Suriel, Tzaphiel, Verchiel, Zamael y Zuriel.

Casi todos los arcángeles tienen nombres acabados en «-el». En hebreo, *El* significa «ser luminoso» o «luz brillante». Metatrón y Sandalfón son dos excepciones.

Una oración vespertina judía menciona a los cuatro arcángeles principales:

Que Miguel, protector de Dios, permanezca a mi lado derecho,
y que Gabriel, el poder de Dios, permanezca a mi lado izquierdo,
Frente a mí, Uriel, la luz de Dios,
Y detrás, Rafael, la sanación de Dios,
Y sobre mi cabeza, permite la presencia perdurable de Dios,
La divina Shekinah.

Miguel

Representa: Amor, valor, fuerza y protección
Elemento: Fuego
Dirección: Sur
Estación: Otoño

Color: Rojo
Signos del zodiaco: Aries, Leo y Sagitario

El nombre Miguel viene del hebreo *Mikha'el*, que significa «quien es como Dios». Es el arcángel más conocido y se le considera también el más próximo a Dios. Es el ángel más importante del cristianismo, el judaísmo y el Islam. Como guerrero más notable de Dios, Miguel combate por todo lo bueno, íntegro y virtuoso. Trabaja sin descanso para crear un mundo de paz y armonía.

Considerado el protector de la Iglesia Católica Romana, los católicos se refieren a él como san Miguel, a quien rezan para que les proteja del mal. En el judaísmo Miguel se considera un amigo especial, protector del pueblo judío. En el libro de Daniel hay alusiones a Miguel como «uno de los príncipes líderes» y «el gran príncipe que defiende a los hijos de nuestro pueblo» (Daniel 10:13-21). Miguel rescató a Daniel de la guarida del león. Mucha gente cree que Miguel aparecerá siempre que el mundo corra un grave peligro. Como ángel guerrero de Dios, se cuenta que Miguel mató sin ayuda de nadie a los 185.000 hombres del ejército del rey Sennacherib que amenazaban con capturar Jerusalén en el año 701 a.e.c., y que lo hizo en una sola noche. También fue Miguel quien expulsó a Satán del cielo después de la guerra celestial (Apocalipsis 12:7-9). Debido a estas hazañas, se le representa normalmente con una espada en la mano, aunque también aparece en ocasiones con las balanza de la justicia o una llama azul de protección.

Una de las tareas de Miguel es recibir a las almas inmortales cuando llegan al cielo. Según la Biblia, las pesa para hacer balance de actos buenos y malos (Salmos 62:9; Daniel 5:27).

Existen paralelismos con otros protagonistas de textos culturalmente importantes; El Rig-Veda tiene a Indra; el Denkard persa tiene a Vahman; la epopeya babilónica Enuma Elish tiene a Marduk, por no olvidar al héroe Apolo en el «Himno a Apolo» de Homero. Se llamen como se llamen, estos ángeles siempre han ayudado a la humanidad.

En la antigua Caldea, se consideraba inicialmente a Miguel un espíritu protector o posiblemente un dios. La gente necesitaba que alguien les ayudara en la batalla constante entre el bien y el mal, y Miguel era el símbolo perfecto de ello.

Rudolf Steiner, el filósofo austriaco fundador de la Sociedad Antroposófica, creía que Miguel había sido ascendido de arcángel a *Archai*, lo cual le concedía libertad y tiempo para ayudar a la humanidad en su conjunto (Parisen, 1990, pp. 118-119).

Según los gnósticos, Miguel, junto con los demás arcángeles canónicos, estuvo presente en la creación del universo. El apócrifo Evangelio de Bartolomé relata que Miguel recogió arcilla de los cuatro extremos de la tierra, a partir de la cual Dios creó al ser humano. Se considera que él es el «Ángel del Señor» que impidió que Abraham sacrificara a su hijo Isaac (Génesis 22:10). Según la leyenda judía, Miguel se le apareció también a Moisés en el arbusto en llamas y rescató a Daniel de la guarida del león (Éxodo 3:2; Ginzberg, 1954, 2:303; Daniel 6:22). Se cree también que él es el ángel que liberó a Pedro de la prisión (Hechos 12:3-19). El Apocalipsis describe a Miguel liderando los ejércitos de Dios que derrotaron a las fuerzas de Satán (Apocalipsis 12:7-9). Según el libro de Adán y Eva, Miguel se esforzó en ayudar a Adán después de su expulsión del jardín del Edén, enseñándole a cultivar la tierra y acompañándole en una visita al cielo en el carro de fuego. Cuando Adán murió, Miguel convenció a Dios de que permitiera a su alma entrar en el cielo. Desde entonces, Miguel ha acompañado a las almas en su ascensión al cielo.

Una antigua tradición cuenta que Miguel comunicó a Sara, esposa de Abraham, que alumbraría un hijo. Miguel, Gabriel y Rafael habían adoptado temporalmente forma humana para cumplir una misión divina. La tarea de Miguel era transmitir estas emocionantes noticias a Sara. Rafael fue enviado para curar a Abraham tras su circuncisión, mientras que la misión de Gabriel era destruir Sodoma y Gomorra. No hay alusiones a los nombres de Miguel, Rafael y Gabriel en el relato bíblico de este encuentro (Génesis 18:2-33).

Miguel es venerado en Francia, donde Saint Michel es el patrón de los marineros. En el año 708 de nuestra era, Miguel se apareció a san Auberto, obispo de Avranches y le pidió que construyera un altar sobre lo que ahora conocemos como Mont-Saint-Michel. El altar fue sustituido finalmente por una iglesia que, con la marea alta, queda rodeada por completo de agua.

En el judaísmo se considera a Miguel el autor del Salmo 85, que habla de los muchos sufrimientos de Israel. Una antigua tradición judía cuenta que Miguel, Gabriel, Rafael, Uriel y Metatrón libraron con éxito la batalla contra Satán por el cuerpo de Moisés, que consiguieron enterrar. Según algunas tradiciones fue Miguel quien trasladó al cielo el cuerpo de María, madre de Jesús. Hay quien cree que María no murió sino que fue llevada directamente al cielo por Miguel. Después de su cautiverio, el pueblo judío reconoció a Miguel como protector de su nación.

En el Islam se conoce a Miguel como Mikhail. El Corán refiere que derramó lágrimas por los pecados de los fieles, y los querubines se formaron a partir de estas lágrimas. Según la tradición musulmana, Mikhail tiene un millón de lenguas, que le permiten hablar un millón de lenguas. El largo cabello azafrán le llega hasta los pies, y cada cabello contiene un millón de rostros que a su vez cuentan con un millón de ojos que derraman setenta mil lágrimas. Sus hermosas alas están hechas de topacio verde. Mikhail se toma en serio su trabajo y nunca ríe (Redfield, 2002, 196).

También según la tradición islámica, otra tarea de Miguel es cuidar de los árboles de campanas en el cielo. Son unos árboles dorados cubiertos de campanas de plata. El sonido que producen es tan bello y poderoso que cualquier humano que lo oyera moriría al instante. Cada campana emite una luz que permite a los habitantes del paraíso ver cosas que nunca habrían imaginado mientras vivían en la tierra (Kabanni, 1995, p. 170).

La festividad de San Miguel se viene celebrando desde el año 530 e.c., y se instituyó para celebrar la consagración de la nueva iglesia construida cerca de Roma. Puesto que Miguel es patrón de los caballeros, tal festividad adquirió gran importancia durante la Edad Media. Hoy en día, este día especial de Miguel se celebra el 29 de septiembre, tanto por anglicanos como por católicos. En las iglesias griega, armenia, rusa y copta, el día de Miguel se celebra el 8 de noviembre.

Puedes pedir ayuda a Miguel cada vez que necesites consejo, protección o inspiración para actuar una vez te hayas enfrentado a tus miedos.

Gabriel

Representa: Superación de dudas y miedos, armonía, sabiduría, esperanzas y deseos
Elemento: Agua
Dirección: Oeste
Estación: Invierno
Color: Esmeralda
Signos del zodiaco: Cáncer, Escorpión y Piscis

El nombre Gabriel significa «Dios es mi fuerza». Gabriel se sienta a la izquierda de Dios y es considerado su mensajero principal. Una antigua leyenda judía dice que Gabriel se presentó a Abraham diciendo, «Soy el ángel Gabriel, mensajero de Dios» (Ginzberg, 1909, 1:189).

Dependiendo de la situación, Gabriel ha recibido innumerables nombres, incluido Ángel de la Anunciación, Ángel de la Misericordia, Ángel de la Revelación, Gran Embajador Divino en la Humanidad, Heraldo Divino, Príncipe de la Justicia y Trompeta del Juicio Final. Como principal mensajero de Dios, aparece por primera vez en la Biblia al visitar a Daniel para explicarle una visión (Daniel 8:16).

Gabriel es ángel de purificación, orientación y profecía. Como siempre se le ha asociado al nacimiento y al embarazo, se le conoce además como ángel del nacimiento y de la esperanza, motivo por el

cual lo invocan con frecuencia las mujeres con esperanzas de concebir. Gabriel fue el ángel que visitó a Zacarías para comunicarle que
su esposa, Isabel, alumbraría a Juan Bautista (Lucas 1:5-25). Gabriel
también visitó a María y le anunció que daría a luz a Jesús (Lucas
1:26-35). El saludo «Ave, María», tradicionalmente atribuido a Gabriel por los católicos, dio inicio a la famosa oración: «Ave María,
llena eres de gracia, el señor es contigo. Bendita seas entre todas las
mujeres y bendito es el fruto de tu vientre, Jesús. Santa María, madre de Dios, ruega por nosotros pecadores, ahora y en la hora de
nuestra muerte. Amén». Según la tradición católica, fue Gabriel
quien comunicó a los pastores el nacimiento de Jesús (Georgian,
1994, p. 53). La Iglesia Católica celebra la festividad de San Gabriel
el 24 de marzo.

En época medieval, la campana del Ángelus se llamaba a menudo
campana de Gabriel. El Ángelus es un rezo católico romano que se
recita tres veces al día: a las 6 de la mañana, al mediodía y a las 6 de la
tarde. La campana se toca en honor a la Anunciación, pues las primeras
palabras de la oración son *Angelus Domini nuntiavit Mariae*, que significa «El ángel del Señor anunció a María».

Existen muchas leyendas en torno a Gabriel. Una de las más boni-
tas cuenta que este arcángel imparte enseñanzas sobre el cielo a los
niños que aún no han nacido. Poco antes de nacer, Gabriel les toca con
el dedo sobre el labio superior para asegurarse de que no van a recordar
hasta que mueran lo que él les ha contado. El toque de Gabriel forma
la hendidura entre la nariz y el labio superior conocida como surco del
filtrum.

Además de comunicar a los pastores la buena nueva del nacimiento de Cristo, muchos cristianos creen que Gabriel también advirtió a
María y a José de que los soldados de Herodes andaban haciendo registros en busca del rey recién nacido. Se le atribuye también haber hecho
rodar la piedra que bloqueaba la tumba de Jesús, permitiendo así la
entrada. Según la tradición cristiana, Gabriel hará sonar la trompeta
que despertará a los difuntos el Día del Juicio Final.

Los musulmanes usan, además, el nombre Djibril para llamar a Gabriel. La religión del Islam tiene su inicio en la visita de Djibril a Mahoma en el monte Hira para anunciarle que era un profeta. Los musulmanes creen, además, que Djibril dictó el Corán a Mahoma a lo largo de un período de veintitrés años (Lambert, 2013, p. 287). Según la tradición islámica, Gabriel enseñó a Noé a construir el arca y ordenó a los ángeles que trajeran madera de los cedros de Líbano. Para su construcción fueron necesarios 124 tablones, con el nombre de un profeta inscrito en cada uno de ellos. Dios envió a un ángel a inspeccionar cada tablón para asegurarse de que era apropiado.

Según el Islam, Gabriel asimismo hizo entrega a Abraham de la Piedra Negra de la Kaaba. Esta es la piedra que besan los musulmanes que acuden en peregrinación anual a La Meca.

En el siglo XIII, el poeta místico sufí Ruzbihan Baqli tuvo una visión en la que contempló a Gabriel. Según explicó, «en la primera fila vio a Gabriel, como una doncella o como la luna entre las estrellas. Su cabello, como el de una mujer, le cae en largos mechones. Lleva una túnica roja bordada en verde… Es el más bello de los ángeles… Su rostro parece una rosa roja» (Baqli, 1997, p. 47).

Una antigua leyenda judía hace referencia a Gabriel y a un perezoso ángel llamado Dubbiel, el ángel custodio de Persia. Dios estaba decepcionado con Israel, por lo cual ordenó a Gabriel aniquilar a todos los judíos arrojando brasas candentes sobre ellos. Cualquier superviviente a este fuego divino sería asesinado por los babilonios. Gabriel sintió lástima por el pueblo de Israel y escogió a Dubbiel, el ángel más perezoso del cielo, para que le ayudara y se ocupara de pasarle las brasas candentes que lanzaría a la tierra. Dubbiel era tan lento que las brasas estaban casi frías para cuando Gabriel las lanzaba finalmente sobre los israelitas. Gabriel no se contentó con esto y además habló con los babilonios para convencerles de que tenía más sentido obligar a los israelitas a emigrar a Babilona que destruirlos. Cuando Dios se enteró, se indignó tanto que relegó a Gabriel de su cargo como primer ministro en el cielo. Otorgó tal rango a Dubbiel, quien de inmediato empezó a ayudar a los persas a costa de cualquier otro país. Tres semanas de destierro más tarde, mientras Dios mantenía un concilio con los ángeles de más alto rango, Gabriel entró en la sala e hizo una sugerencia tan astuta que Dios se quedó impresionado y restituyó a Gabriel en su anterior cargo.

Una de las historias más inusitadas de Gabriel cuenta que inventó el café. Por lo visto, una noche Mahoma se sentía cansadísimo, a punto de quedarse dormido. Gabriel le trajo una taza de café y, gracias al brebaje, Mahoma recuperó las fuerzas de tal modo que derrotó a cuarenta jinetes y dejó satisfechas a cuarenta mujeres.

Existe una hermosa historia sufí acerca de Gabriel y Moisés. Dios envió a Gabriel junto con noventa y nueve ángeles más para que ayudaran a Moisés a alcanzar el estado de pureza necesario para escribir la Torá en las tablillas doradas. Cada uno de estos ángeles representaba un aspecto de Dios, y todos juntos enseñaron a Moisés 124.000 palabras. Cada vez que aprendía una nueva palabra ascendía a un nivel superior, hasta que se encontró viendo tan solo blanco puro. Una vez alcanzado este estado de pureza, Gabriel pidió a los otros ángeles que llenaran a Moisés de los atributos especiales que cada uno poseía. Finalmente, Gabriel le enseñó a hacer oro y llenó su corazón del conocimiento que debía escribir en las tablillas. Moisés escribió entonces la Torá (Kabbani, 1995, 18-19).

Según la tradición judía, Gabriel es capaz de hablar todas las lenguas del mundo, y en una sola noche enseñó a José las setenta lenguas habladas en la Torre de Babel. José era por entonces un humilde esclavo, pero esta increíble proeza le convirtió al instante en la persona más importante del territorio después del faraón (Ginzberg, 1909, 2:72).

En el judaísmo se asocia a Gabriel a la luna y también al elemento acuático. Esto quiere decir que cuida de las personas que viajan por mares, ríos y lagos. Tanto el agua como la luna simbolizan las emociones, por tanto Gabriel es también arcángel de las emociones.

En el Zóhar II, 11a-11b, Gabriel aparece descrito como responsable de las almas humanas. Cuando alguien muere, Gabriel recibe el alma de esa persona y la traslada a su nuevo hogar, que viene determinado por la vida que ha llevado el difunto. Cuando llega la hora de que el alma se reencarne, Gabriel acompaña al espíritu de vuelta a la tierra.

Mi historia favorita sobre el arcángel Gabriel la relata en su diario William Blake, el artista y poeta inglés. Había recibido el encargo de dibujar un ángel, pero le costaba más de lo que había pensado. Lleno de frustración, preguntó, «¿Quién puede pintar un ángel?»

Al instante oyó una respuesta: «Miguel Ángel podía».

William Blake miró a su alrededor, pero no había nadie con él. «¿Cómo lo sabes?», preguntó.

La poderosa voz respondió: «Lo sé, porque posé para él. Soy el arcángel Gabriel».

A William Blake le impresionó aquella respuesta, pero seguía desconfiando. Por lo que él sabía, podría tratarse de un espíritu maligno fingiendo ser Gabriel. Le pidió alguna prueba.

«¿Puede hacer esto un espíritu maligno?», preguntó la voz. William Blake fue consciente de inmediato de una forma brillante con grandes alas que irradiaba una luz pura. Mientras el artista observaba, el ángel creció y creció, y el techo del estudio de Blake se abrió para permitir que Gabriel se elevara hacia el cielo. William Blake escribió en su diario que entonces el ángel «movió el universo». Por desgracia no explicó los detalles de lo que sucedió, pero escribió que estaba convencido de haber visto a Gabriel (Cortens, 2003, pp. 39-40).

Puedes invocar a Gabriel siempre que necesites seguridad o ayuda para manejar tus emociones o cuando te sientas angustiado. Gabriel proporcionará orientación, inspiración y te librará de dudas y temores. Está dispuesto asimismo a asistir a cualquiera que experimente problemas a la hora de concebir o durante el embarazo, o que esté preocupado por un alumbramiento. Gabriel también te ayudará a expresarte con claridad y espontaneidad.

Rafael

Representa: Curación, abundancia, conocimiento y honestidad
Elemento: Aire
Dirección: Este
Estación: Primavera
Color: Azul
Signos del zodiaco: Géminis, Libra y Acuario

Rafael es el tercer arcángel más importante después de Miguel y Gabriel. El nombre Rafael significa «Dios sana» o «el que brilla y cura». Por tal motivo se le llama a menudo el «médico divino». Cuando preguntaron a Rafael quién era, en el apócrifo libro de Tobías del Antiguo Testamento, él contestó: «Soy Rafael, uno de los siete ángeles que están delante de la Gloria del Señor, que tienen entrada a su sagrada presencia» (Tobías 12:15).

En la Biblia no se alude a Rafael por su nombre, pero desempeña un papel primordial como custodio de Tobías en el mencionado texto. Este libro narra la historia de Tobit, un recto israelita que se quedó ciego tras intentar dar honrosa sepultura a judíos que habían fallecido a manos del ejército de Sennacherib. Tobit estaba demasiado cansado como para regresar a casa y se quedó dormido a la intemperie. Durante la noche, los excrementos de un ave cayeron sobre sus ojos y lo dejaron ciego. Esto tuvo efectos en todos los aspectos de su vida, tanto que oró a Dios rogando su muerte.

Al mismo tiempo, en Medina, una joven llamada Sara también rezaba pidiendo morir. Un demonio llamado Asmodeo había matado la misma noche de bodas a todos los hombres que la desposaban. Rafael recibe órdenes de Dios para curar a Tobit y liberar a Sara del demonio.

Tobit pide a su hijo, Tobías,[2] que viaje a Medina a recaudar cierta cantidad de dinero que le deben. Dada la distancia y peligrosidad del

---

2. Según las versiones y textos, el nombre del padre varía; en algunas escrituras tanto el padre como el hijo llevan el mismo nombre, Tobías. *(N. de la T.)*

viaje, le dice que busque alguna persona honrada para que viaje con él. Encuentra a un hombre llamado Azariah que se ofrece a acompañarle, aunque Tobías no sabe que Azariah es en realidad Rafael disfrazado.

Los dos hombres parten de viaje. Al llegar a un río, Tobías se lava los pies en el agua. Un pez intenta engullirle el pie, pero los hombres lo pescan, y Rafael aconseja a Tobías que reserve el corazón, el hígado y la vesícula. Cuando llegan a Medina, Rafael habla a Tobías de Sara. Dado que son primos, tiene derecho a casarse con ella. Rafael le explica que si quema el corazón y el hígado del pez superará con vida la noche de bodas, pues esto espantará al demonio cuando venga a buscarlo. Tobías y Sara se casan, y el humo del corazón y del hígado en llamas manda al demonio Asmodeo al «alto Egipto». Rafael lo sigue hasta allí y lo ata para impedir que cause más daño. Cuando el padre de Sara, que ya había preparado una tumba para Tobías, descubre que este sigue con vida, llena la tumba de tierra y ordena un gran festejo nupcial. Teniendo en cuenta el tiempo que llevarán las celebraciones, Tobías pide a Rafael que se encargue de cobrar el dinero que debían a su padre. Una vez concluido el festejo, Tobías, Sara y Rafael regresan a Nínive. Al llegar, Rafael pide a Tobías que prepare un ungüento con la vesícula del pez y que frote con el mismo los ojos de su padre. Así lo hace, y Tobit recupera la vista. Padre e hijo están tan agradecidos que ofrecen la mitad de su fortuna a su guía. Entonces él responde, «Soy uno de los siete ángeles que están delante de la Gloria del Señor, que tienen entrada a su sagrada presencia... Cuando yo estaba con vosotros, no era por mi propia iniciativa, sino por voluntad de Dios». Después de esto, tras haber curado a Tobit y ayudado a Sara, Rafael regresó al cielo. Tal historia es el motivo por el que los pintores han representado al arcángel como un viajero que lleva un báculo y un pez.

Los primeros cristianos creían que Rafael fue quien se apareció de noche a los pastores para darles la «buena nueva de gran dicha, y así será para todo el pueblo», en referencia al nacimiento de Jesús (Jameson, 1895, 1:119).

Por este motivo se le reconoce como jefe de los ángeles de la guarda. Rafael contribuye a la curación de la tierra y podría considerársele ángel de la guarda de toda la humanidad. A veces le llaman ángel de compasión. Muchas personas piensan que Rafael es el ángel que se metió en el estanque de Betesda y creó el movimiento de las aguas. La primera persona que se bañó a continuación salió curada de la balsa (Juan 5:2-4). Aunque no se menciona su nombre en este relato bíblico concreto, fue seguramente Rafael quien realizó el milagro.

Rafael también aparece varias veces en el libro de Enoc. La primera de ellas describe a Miguel, Sariel, Rafael y Gabriel mirando la tierra desde el cielo, y la descubren «llena de injusticia y violencia» (I Enoc 9:1). Posiblemente esta sea la primera mención de los cuatro arcángeles (Black, 1985, p. 129).

En su papel de sanador, se considera que Rafael alivió a Abraham del dolor que padecía tras su circuncisión, y es el ángel que curó el muslo de Jacob después de su pelea con un ángel (Génesis 32:24-31). Una antigua tradición judía explica que ayudó a Noé a aprender cómo construir el arca. Una vez descendieron las aguas, Rafael le entregó un libro de medicina, y se cree que se trata del *Sefer Raziel*, el libro del ángel Raziel. Este libro consiste principalmente en encantamientos que, según cuentan, Raziel transmitió a Adán. Por desgracia, el libro desapareció y se dio por perdido, hasta que Rafael lo entregó a Noé. Las destrezas sanadoras de Rafael van más allá de la curación física. Realiza también sanación mental, emocional y espiritual. Literalmente puede sanar las heridas de la humanidad.

A Rafael se le atribuye también haber ayudado a Salomón en la construcción del templo. Salomón oró a Dios pidiéndole ayuda para construirlo. Dios entregó a Rafael un anillo especial que debía entregar a Salomón. El sello del anillo era un pentagrama, aún hoy en día una de las herramientas más importantes en la magia ceremonial. Por este motivo, mucha gente llama a Rafael el ángel de las herramientas mágicas y los milagros que estas facilitan. El pentagrama es además uno de los símbolos médicos más antiguos, seguramente por asociarlo a Rafael (Conybeare, 1898).

Rafael protege a los viajeros y también cura las heridas de los mártires. Según la leyenda judía, cuida además del Árbol de la Vida en el Edén.

La Iglesia Católica solía celebrar la festividad de Rafael el 24 de octubre, pero en la actualidad se conmemora el 29 de septiembre, fecha ahora conocida como día de San Miguel y todos los ángeles.

Puedes pedir ayuda a Rafael cada vez que necesites vitalidad y energía adicional o cuando participes en algún proyecto creativo. Rafael también proporciona sanación, inspiración, integridad y unidad. Le encanta enseñar y está dispuesto a ayudar a quien quiera aprender.

Uriel

Representa: Lucidez, claridad, perspicacia y paz
Elemento: Tierra
Dirección: Norte
Estación: Verano
Color: Blanco
Signos del zodiaco: Tauro, Virgo y Capricornio

Uriel es el arcángel de la profecía y el último de los cuatro Ángeles de la Presencia. El nombre Uriel significa «Dios es mi luz» o «fuego de Dios». Las obligaciones de Uriel son múltiples. El primer libro de Adán y Eva hace alusión a él como ángel del arrepentimiento (libro de Adán y Eva xxxii:2). Para desempeñar este papel sale al encuentro de los pecadores que llegan al cielo. También es el ángel de la música. Según una leyenda judía, Dios envió a Uriel para advertir a Noé del inminente diluvio (I Enoc 10:1-3) y por este motivo se le considera responsable de todos los fenómenos naturales, incluidas tormentas, inundaciones y terremotos (I Enoc 20:2). De hecho, muchas personas piensan que el arco iris constituye una señal de la presencia de Uriel. Es además un maestro talentoso que instruyó a Set, hijo de Adán, en temas de astronomía, tiempo y personajes hebreos (Joel, 1836).

A diferencia de Miguel, Gabriel y Rafael, no hay referencias al nombre de Uriel en las escrituras canónicas, pero ha aparecido en numerosas historias y leyendas. Ocupa un lugar especial en la tradición judía, que considera que él entregó la Cábala a los judíos. En la Cábala, Uriel se asocia al pilar medio en el libro de la Vida, y también se le asocia al Malkuth, el Reino. El Malkuth representa el mundo en el que vivimos, custodiado por el arcángel Sandalfón. Uriel y Sandalfón trabajan juntos para velar por la salud y el bienestar del planeta. Por consiguiente, en ocasiones se alude a Uriel como el Gran Arcángel de la tierra. Se le considera además supervisor del infierno. Según los *Oráculos sibilinos*, Uriel guarda las llaves del infierno, y abrirá sus puertas el Día del Juicio Final (libro II, líneas 280-93). También enseñó la Torá a Moisés.

Uriel es considerado el ángel que destruyó el ejército de Sennacherib (II Reyes 19:35). Es posible que además fuera el ángel que peleó con Jacob durante toda una noche (Génesis 32:24-32).

Uriel explicó a Ezra que el mal precisa de cierto tiempo para seguir su curso. Ante las dificultades de Ezra para comprender este concepto, Uriel le concede siete sueños proféticos que le aclaren el significado de sus enseñanzas. Estos sueños abarcaban toda la historia, incluyendo pasado y futuro, y Uriel le ayudó a entender e interpretar los mensajes incluidos en ellos (Ginzberg, 2003, pp. 356-357).

En el segundo libro apócrifo de Esdras, este profeta reprocha a Dios que ayude a los enemigos de Israel. Uriel, que viajaba con Esdras en aquel momento, le respondió que revelaría las razones de Dios cuando Esdras consiguiera sostener el fuego, medir el viento y traer de vuelta el ayer. Cuando Esdras admitió su incapacidad para hacer tales cosas, Uriel respondió que si conocía el fuego, el viento y los días pero no podía entenderlos, ¿cómo iba a comprender las intenciones del Altísimo si ni siquiera lo conocía? Nada más oír esto, Esdras, cayó a los pies de Uriel y pidió perdón (II Esdras 4:9-35).

Uriel es uno de los ángeles destituidos. Al no haber alusión bíblica a su nombre, tanto él como otros ángeles fueron degradados durante la celebración del Concilio de Roma celebrado el año 745.

En *El mago*, Francis Barrett, el influyente ocultista inglés, escribió que Uriel concedió el don de la alquimia a la humanidad (Barrett, 1801, p. 57). Con toda probabilidad, esta información explica por qué Uriel es el arcángel más invocado.

El doctor John Dee, el erudito y astrólogo que predijo el avance de la Armada española y recomendó a Isabel I la fecha de su coronación, trabajaba exhaustivamente con Uriel. Su diario recoge con fecha de 6 de abril de 1583 que Uriel apareció en la bola de cristal de Dee y le comunicó que disponía de cuarenta días para escribir el «Libro de los Secretos». Esto señaló el inicio de un trabajo descomunal que finalmente dio como resultado el lenguaje secreto y sagrado de los ángeles, conocido como lenguaje enoquiano. Tres siglos después, este lenguaje se integró como parte de las enseñanzas de la Orden del Alba Dorada, la sociedad hermética, y aún continúa enseñándose en la actualidad en muchas escuelas de ocultismo.

La pintura representa normalmente a Uriel portando un pergamino en una mano y una llama encendida sobre la palma de la otra. Esta llama simboliza el «fuego de Dios».

Dado que el elemento de Uriel es la tierra, puedes invocar a este arcángel cada vez que necesites reafirmarte sobre una base sólida. Uriel ofrece paz y tranquilidad, transformación, el don profético, perspicacia y prosperidad. Uriel te ayuda además a descubrir la autoestima y a valorarte como la persona maravillosa y única que eres. Es el ángel de la decimoprimera casa, lo cual significa que es recomendable llamarle cada vez que nos encontremos en medio de una emergencia o crisis importante.

Los otros arcángeles

Generalmente se acepta a Miguel, Gabriel, Rafael y Uriel como arcángeles oficiales. No obstante, existe una amplia disconformidad en cuanto a la inclusión de otros miembros en esta categoría. Son muchos los ángeles denominados también arcángeles, pero la realidad es que nadie sabe con exactitud cuáles pertenecen a este grupo. A continuación doy detalles de doce ángeles que han sido todos ellos clasificados como arcángeles al menos por una fuente seria.

Anael

Anael significa «la gracia de Dios». Se le considera uno de los siete arcángeles de la creación. Según el tercer libro de Enoc, Anael transportó a Enoc al cielo en un carro de fuego. Se menciona a Anael como uno de los siete arcángeles canónicos en *The Hierarchy of Blessed Angels* (La jerarquía de los ángeles benditos) de Thomas Heywood, publicado en 1635. Rudolf Steiner, el filósofo, autor y fundador de la antroposofía, denominaba también a uno de los siete grandes arcángeles Anael. No obstante, Anael no aparece como arcángel en las jerarquías más reconocidas de Dionisio Areopagita, san Gregorio o el tercer libro de Enoc.

Se dice que Anael fue el ángel que pronunció las palabras: «Abrid las puertas, y entrará la gente justa, la que permanece fiel» (Isaías 26:2).

Es uno de los ángeles planetarios y se le asocia a Venus. Por consiguiente, se le puede invocar para cualquier situación relacionada con el amor, el romance, la sexualidad, la armonía y la paz. También puedes pedirle ayuda en cuestiones relativas a posición social y reconocimiento, así como en temas profesionales a largo plazo. Además Anael ayuda a las personas a superar la timidez y recuperar la confianza en sí mismas.

Cassiel

Cassiel ayuda a la gente a tener paciencia y anima a hacer lo necesario para superar problemas y dificultades. Además favorece la serenidad y paz mental. Cassiel es el ángel del karma, por lo tanto ayuda a entender la ley de causa-efecto. Es el señor de Saturno, un planeta de movimiento lento, que necesita cuatro años para concluir la órbita del sol; a veces Cassiel puede tardar ese tiempo en resolver un problema. Por suerte, Rafael siempre está dispuesto a hablar con Cassiel para acelerar el proceso.

En la pintura aparece representado como un hombre de aspecto fiero y barba oscura. Lleva una corona y sostiene una flecha elaborada con una pluma. Normalmente, lo retratan sentado sobre la espalda de un dragón.

Chamuel

El nombre Chamuel significa «quien busca a Dios». Chamuel es el arcángel de la compasión y el amor divino. Algunas fuentes lo citan como el ángel que consoló a Jesús en el huerto de Getsemaní, sin embargo, por lo habitual se considera que este ángel fue Gabriel.

Chamuel enmienda errores, sosiega las mentes angustiadas y ofrece justicia. Además, puede ayudarte a encontrar pareja, y si la relación fracasa, Chamuel también anima a superar la pérdida de una relación importante. Puede ayudarte a perdonar a los demás, sobre todo a personas que apreciabas como amigos y amantes. A Chamuel le encanta ayudar a las personas a ahondar en sus relaciones y llevarlas a un nuevo nivel. Chamuel también estará deseoso de enseñarte a expresar tus sentimientos mediante alguna forma de creatividad como la escritura, la pintura o la música. Dado que su elemento es la tierra, el mejor lugar para contactar con este ángel es al aire libre, sobre todo en entornos agradables, sin interrupciones, como un jardín, un bosque o en lo alto de una colina.

Deberías invocar a Chamuel cada vez que precises más fuerza, valor, decisión y persistencia.

Jeremiel

El nombre Jeremiel significa «clemencia de Dios». El libro de Esdras menciona su nombre, y también lo cita el primer libro de Enoc. Jeremiel saca a la luz temas que han permanecido ocultos. Se le considera un ángel de la transición, ya que anima a la gente a buscar cambios positivos en sus vidas. Existe cierta confusión acerca del nombre de Jeremiel en las listas de arcángeles, y el motivo es que posiblemente se trate de otro nombre para denominar a Remiel o al arcángel Uriel.

Jofiel

El nombre Jofiel significa «la belleza de Dios». Existe la creencia de que Jofiel se ocupaba de velar del Árbol del Conocimiento en el Edén. Según la leyenda judía, Jofiel fue quien expulsó a Adán y a Eva del Paraíso. También enseñó, guio y cuidó a los tres hijos de Noé: Sem, Cam y Jafet. Jofiel es uno de los Ángeles de la Presencia, y se le consideraba amigo íntimo del arcángel Metatrón. Ama la belleza y estimula toda clase de creatividad. No es de extrañar, por lo tanto, que se le considere ángel patrón de las artes.

Metatrón

El significado del nombre Metatrón no está claro, aunque podría ser «el trono al lado del trono de Dios». Metatrón es el ángel más importante en la tradición judía. El tercer libro de Enoc explica que Metatrón permanece sentado en un trono mientras administra justicia. Fue escriba en la tierra y ha continuado con tal ocupación en el cielo, por lo tanto, no es de sorprender que se le considere el secretario de Dios. Para su desempeño, anota toda la actividad terrenal y celestial, incluidas las buenas y malas acciones de Israel. También es responsable del bienestar de la humanidad. Cuenta la leyenda que, en un principio, Metatrón era Enoc, el pentanieto de Adán, quien vivió 365 años hasta de que Dios le convirtió en ángel. El Génesis explica que «caminó, pues, Enoc con Dios, y desapareció porque le llevó Dios» (5:23-24). Algunos de los ángeles mostraron su descontento cuando Dios convirtió en ángel a un humano. Tras responder a estas objeciones, Dios glorificó a Enoc con 1.365.000 bendiciones, y le hizo crecer hasta darle casi el tamaño del mundo. Tiene treinta y seis pares de alas y 365.000 ojos, cada uno de ellos tan brillante como el sol. A menudo se llama a Metatrón el ángel de la humanidad, pues vivió la experiencia vital de un ser humano. Este es el motivo de que pueda entender tanto el punto de vista terrenal como el celestial. Sin embargo, depende de la bondad innata de la gente para fortalecer su energía espiritual.

El Zóhar ofrece una explicación a por qué Enoc fue elegido para convertirse en ángel. Por lo visto había nacido con la misma chispa divina de perfección espiritual poseída por Adán, quien la perdió al ser expulsado del Edén. Dios no podía permitir que alguien con esta chispa permaneciera entre los simples mortales. Por consiguiente, fue llevado al cielo, donde su perfección podía valorarse y aprovecharse (Zóhar 1:37b, 1:56b, 1:223b; 2:179a, 3:83b).

Según la creencia judía, Metatrón traslada las oraciones directamente a Dios atravesando novecientos cielos en el recorrido. No obstante, cuando las oraciones las pronuncian los hombres en hebreo, Metatrón llama a Sandalfón para que le ayude a entretejer la oración con una guirnalda de flores que Dios pueda llevar en la cabeza. Johan Eisenmenger, el filósofo alemán, afirmaba que Metatrón era el ángel de la muerte y recibía a diario órdenes de Dios acerca de qué almas había de llevarse ese día. Además de esto, se cree que enseña en el cielo a las almas de los niños fallecidos.

Según la leyenda, Metatrón fue el ángel que peleó con Jacob durante toda una noche. Este suceso, no obstante, se ha asociado a varios ángeles más, incluidos Miguel y Zadkiel. Es posible que el siguiente verso del Éxodo haga referencia a Metatrón: «He aquí, yo envío el Ángel delante de ti para que te guarde en el camino, y te introduzca en el lugar que yo he preparado» (Éxodo 23:20).

Puedes invocar a Metatrón cada vez que necesites meditar a fondo sobre algo o precises incrementar tu autoestima.

Raguel

Raguel significa «amigo de Dios». Según el segundo libro de Enoc, Raguel y Sariel son dos de los ángeles que tal vez acompañaron a Enoc hasta el cielo. Enoc escribió que Raguel es uno de los siete arcángeles, en concreto el responsable de trasladar las almas al cielo. Raguel se encarga de exigir el máximo nivel de comportamiento a todos los ángeles. Entre sus ocupaciones se incluyen la justicia, la armonía, la disciplina y el castigo. Se le considera el ayudante bondadoso y comprensivo de Dios.

En el Apocalipsis Secreto de Juan, Dios llama a Raguel después de separar las ovejas de las cabras: «Entonces Dios enviará al ángel Raguel, al que dirá: ve y haz sonar la trompeta por los ángeles del frío, la nieve y el hielo, y concentra todo tipo de cólera sobre los que se hallen a la izquierda» (*The Ante-Nicene Fathers* [Los padres antenicenos], 1886, p. 586).

Raguel, junto con Uriel y Samiel, fue degradado por el papa Zacarías en el Concilio de Roma del año 745; de hecho calificó a Raguel de demonio «que se hacía pasar por santo». Son palabras muy duras para describir a un ángel que se ocupa de que los demás ángeles se comporten.

Puedes pedir ayuda a Raguel cada vez que tengas dificultades con otras personas, especialmente niños o jóvenes. Ayuda también a afirmar la fuerza de tu fe y aporta armonía a tu vida.

Raziel

El nombre Raziel significa «secreto de Dios». Raziel permanece en pie tras las cortinas de la parte anterior del trono de Dios y es capaz de ver y oír todo lo que ahí se debate. Luego aprovecha lo aprendido para transmitir a la humanidad las enseñanzas y sentencias de Dios.

Cuando Adán y Eva fueron expulsados del Edén, Raziel se compadeció de ellos y entregó a Adán el libro de Raziel. Este texto contenía todo el conocimiento del universo, el cual permitió a Adán y a Eva proseguir con su vida fuera del Paraíso. Una leyenda judía explica que algunos ángeles sintieron celos de todo el conocimiento que Adán aprendió de este libro, de modo que lo robaron y lo arrojaron al mar. Cuando Dios vio lo enojado que estaba Adán por tal pérdida, llamó a Rahab, ángel del mar, y le pidió que buscara el libro para devolvérselo a Adán. Muchos años después, Enoc lo encontró tras un sueño en el que se le comunicaba su ubicación. Con ayuda de este libro, Enoc se convirtió en el hombre más sabio de todos los tiempos, y finalmente el escrito llegó a manos de Noé, quien lo empleó para construir el arca. Cientos de años más tarde, el rey Salomón aprovechó la información contenida en el volumen para adquirir sabiduría, hacer magia y curar a los demás.

De Raziel se dice que tiene alas azules y está rodeado de un aura de intenso color amarillo. Viste una reluciente túnica gris. Disfruta ayudando a que todos los pensadores originales formulen sus ideas.

Puedes pedir ayuda a Raziel cada vez que tengas un problema importante que resolver.

Remiel

El nombre Remiel significa «clemencia de Dios» y «Dios levanta». Este nombre es perfecto, ya que la tarea principal de Remiel es conducir a las almas hasta lo alto del cielo. Se encarga de cuidar las almas de los fieles después de que Miguel las haya pesado. A Remiel también lo llaman el ángel de la esperanza. Ayuda a personas con una necesidad especial de ver el futuro. Remiel a veces es conocido como el ángel de la visión divina. En el Apocalipsis de Baruc, explica a este profeta una visión en la que aparece derrotando los ejércitos de Sennacherib. Ciertas versiones describen a Remiel como el ángel que los destruye. (También se atribuye tal derrota a Miguel en algunas ocasiones.) En el primer libro de Enoc, Remiel está incluido entre los siete arcángeles que cuidan del trono de Dios (I Enoc, 20:8). Es interesante observar cómo más tarde en el mismo libro, Enoc menciona que Remiel era uno de los ángeles caídos.

Puedes pedirle ayuda cada vez que necesites calma, paz y armonía en la vida.

Sandalfón

Cuentan de Sandalfón que es el hermano gemelo de Metatrón. Según la leyenda judía, originalmente era el profeta Elías. En la Biblia puede leerse: «Y Elías subió al cielo en un torbellino» (II Reyes 2:11). Se le considera uno de los Ángeles de la Presencia. En la tradición judía Sandalfón forma guirnaldas de flores con las oraciones del pueblo judío. Luego, mediante un hechizo, hace que se eleven hasta posarse sobre la cabeza de Dios. Pese a su preferencia por las oraciones judías, Sandalfón está dispuesto a trasladar al cielo cualquier oración. Es un gigante entre los ángeles, su tamaño aterrorizó a Moisés cuando este fue llevado al cielo para recibir la Torá. Cuentan que se tardarían quinientos años en trepar desde el pie de Sandalfón a lo alto de su cabeza. Habitualmente se le representa rodeado de pájaros y con una espada cerca, debido a que cuida del mundo de las aves y también es uno de los guerreros de Dios. Trabaja con Miguel en su batalla eterna contra Satán. Es Sandalfón quien decide si una criatura que aún no ha nacido va a ser niño o niña.

Sariel

Sariel significa «mando de Dios». Su nombre se menciona tres veces en los libros de Enoc (I Enoc 9:1; 10:1; II Enoc 20:6). No es de sorprender, pues Sariel y Raguel fueron dos de los ángeles que posiblemente llevaron a Enoc al cielo. Es el responsable de mantener la disciplina entre los ángeles que no se portan bien. En algunas tradiciones, ayuda también a la gente que quiere aprender, y se piensa que es el ángel que instruyó a Moisés. Además, fue al monte Sinaí a buscar el alma de Moisés tras su muerte. Parece ser que Dios lo envió para ayudar a Jacob a interpretar su sueño de la escalera. Sariel también asiste a Rafael cuando ejerce de sanador, por lo que a menudo se le llama ángel de curación.

Un aspecto inusual de este arcángel es que a veces aparece con forma de buey. En la *Antología Falasha*, colección de textos y oraciones recogidas por una antigua comunidad judía, le denominan Sariel el trompetista y también Sariel el ángel de la muerte. Es invocado habitualmente en las ceremonias mágicas, y aún hoy en día algunas personas llevan amuletos con su nombre como protección contra el mal de ojo.

Puedes pedir orientación y ayuda a este ángel cuando necesites poner orden en tu vida. Sariel animó a Moisés a estudiar, por consiguiente está dispuesto a ayudar a las personas que quieren aprender. Tanto Sariel como Rafael están siempre dispuestos a procurar la sanación.

Zadkiel

El nombre Zadkiel significa «la rectitud de Dios». Según el Zóhar, uno de los libros más importantes de la Cábala, Zadkiel y Jofiel son los dos compañeros principales de Miguel, ayudándole cada vez que repara un daño o se ve obligado a entrar en combate (Zóhar, Números 154a). En la tradición judía, Zadkiel es más conocido por ser el ángel de Dios que impidió que Abraham sacrificara a su hijo Isaac. Sin embargo, se atribuye también a otros ángeles esta acción, incluido el aspirante más probable, Miguel.

Dionisio Areopagita incluía a Zadkiel en su lista de los siete arcángeles. Zadkiel es un ángel planetario y se le asocia a Júpiter. Por este motivo, siempre se le ha relacionado con cualidades como benevolencia, abundancia, perdón, misericordia, tolerancia, compasión, prosperidad y buena suerte, todas ellas vinculadas a este planeta.

Puedes invocar a Zadkiel cuando necesites más dicha y diversión en tu vida. Te ayudará también a mejorar la memoria. Puedes llamar a este ángel también para solicitar asistencia en relación a cualquier problema legal o financiero.

5

Los ángeles especialistas

A lo largo de los siglos se les ha dado nombre a millares de ángeles prácticamente, pero son innumerables los que nunca han sido identificados. Lo más probable es que a ellos no les importe, ya que los ángeles solo existen para servir a Dios y no tienen ego.

Todo ángel tiene un propósito, al margen de dónde se sitúe en la jerarquía angélica. Algunos ángeles con habilidades e intereses concretos son conocidos como ángeles especialistas, muchos de los cuales ya han sido identificados. Desde el momento en que los seres humanos quedaron fascinados por los astros y los movimientos planetarios, una gran cantidad de ángeles han sido relacionados con la astrología.

Ángeles de los siete cielos

Cristianos, judíos y musulmanes creen todos ellos en el cielo. El concepto de los siete cielos, en vez de uno solo, no es nuevo y se remonta a los antiguos sumerios, hace unos siete mil años. El séptimo cielo es donde vive Dios, y por este motivo la expresión «estar en el séptimo cielo» significa que la persona no puede sentirse más feliz. Los siete cielos pueden visualizarse como siete círculos concéntricos rodeando la tierra.

Primer cielo

El primer cielo es el mundo físico, incluidos astros, planetas, nubes y todos los fenómenos naturales. El ángel soberano del primer cielo es Gabriel. Entre los ángeles que viven aquí se encuentran los otros tres arcángeles canónicos, Miguel, Rafael y Uriel. Esto responde a que cada uno de ellos rige un planeta y por consiguiente está asociado a los fenómenos naturales del universo. También se dice que aquí viven Adán y Eva.

Segundo cielo

El segundo cielo es donde se encuentran los pecadores a la espera del Juicio Final, incluidos los ángeles caídos que viven ahí confinados. Moisés visitó el segundo cielo. El ángel que lo gobierna es Rafael. La tradición islámica considera que Jesucristo y san Juan Bautista viven en el segundo cielo.

Tercer cielo

Según el segundo libro de Enoc, el tercer cielo contiene los dos ámbitos opuestos del cielo y el infierno. El Edén y el Árbol de la Vida se hallan en la mitad meridional, protegidos según dicen por trescientos ángeles de luz. Leche, miel, aceite y vino fluyen por los cuatro manantiales del jardín del Edén. Es aquí donde las abejas celestiales pasan los días creando maná, el néctar del paraíso que Dios proporcionó a los israelitas durante su permanencia en el desierto. Se considera que Dios descansa aquí durante su ascensión al paraíso.

La mitad norte del tercer cielo contiene el infierno, donde los malhechores sufren tormentos y castigos por sus faltas. Algunos de los ángeles caídos se encuentran en el infierno.

El ángel regente del tercer cielo es Baradiel.

El cuarto cielo

El cuarto cielo contiene la Jerusalén celestial, el Templo Sagrado y el Altar de Dios. Algunas versiones también incluyen el jardín del Edén. Desde aquí se vigilan además los movimientos del sol y la luna. El ángel soberano del cuarto cielo es Miguel.

Quinto cielo

Los gigantes Grigori, también llamados los Observadores, son un grupo de ángeles caídos que se encuentran presos aquí por encapricharse y fornicar con habitantes de la tierra. Viven en la parte norte de este cielo. La parte sur acoge a innumerables ángeles del Señor, que dedican sus constantes cánticos de alabanza al Altísimo. Según el profeta Sofonías, varios ángeles del coro de los dominios viven también aquí. Habitualmente se considera a Zadkiel soberano del quinto cielo, aunque algunas versiones atribuyen este papel a Sandalfón.

Sexto cielo

Los archivos celestiales se guardan en el sexto cielo, y hay coros de ángeles estudiándolos constantemente. Siete aves Fénix y siete querubines viven aquí y pasan el tiempo orando al Señor. Hay dos soberanos en el sexto cielo: Zebul que lo rige de noche y Sabath durante el día. Se dice que el sexto cielo está cubierto de nieve, y los habitantes soportan poderosas tormentas.

Séptimo cielo

Dios, los serafines, los querubines y los tronos viven todos ellos en el séptimo cielo. Según dicen, Dios está rodeado por los cuatro Ángeles de la Presencia: Miguel, Gabriel, Uriel y Penuel. Se dice también que aquí residen los espíritus de la gente que aún está por nacer. El séptimo cielo está regido por el arcángel Cassiel (o posiblemente Miguel).

Ángeles planetarios

Los antiguos romanos asociaban los siete planetas visibles a los días de la semana. Gradualmente, más y más elementos, ángeles incluidos, fueron vinculados a los planetas. La primera evidencia documentada de esto proviene de la España del siglo XII cuando eruditos europeos empezaron a traducir valiosos manuscritos del pasado. La asociación angelical no es sorprendente, ya que la gente pensaba que cada planeta contenía alguna especie de inteligencia que lo guiaba y dirigía en su órbita a través de los cielos. Se establecieron relaciones diferentes, pero las más aceptadas son las siguientes:

Domingo: Sol – Miguel (también Rafael)
Lunes: Luna – Gabriel
Martes: Marte – Samael (también Chamuel)
Miércoles: Mercurio – Rafael (también Miguel)
Jueves: Júpiter – Zadkiel (también Sachiel y Zachariel)
Viernes: Venus – Haniel
Sábado: Saturno – Cassiel (también Orifiel y Zaphkiel)

El *Liber Juratus*, denominado a veces *El libro de conjuros de Honorio*, es un famoso grimorio del siglo XIII que ejerció una gran influencia en los magos durante cientos de años. Da alguna indicación de la cantidad y variedad de ángeles que se han vinculado a los planetas y a los días de la semana. El libro enumera 47 ángeles para el domingo, 56 para el lunes, 52 para el martes, 45 para el miércoles, 37 para el jueves, 47 para el viernes y 50 para el sábado.

Ángeles del zodiaco

Durante miles de años los ángeles han estado relacionados con los signos zodiacales. Es habitual pedir ayuda a los ángeles del zodiaco en los rituales que tengan en cuenta las cualidades de un signo específico. Puedes comunicarte con el ángel que rige tu horóscopo siempre que lo desees. Resulta especialmente útil cuando deseas información acerca del futuro. Si la petición es para otra persona, deberías emplear el ángel asociado a su signo. El mejor momento para comunicarse es en la fecha del cumpleaños, pero puedes invocarlo cada vez que lo desees.

En el *Libro de cosas secretas* del abad Johannes Trithemius, el ocultista alemán y maestro de Paracelso, se incluyen las siguientes asociaciones tradicionales entre ángeles y los signos zodiacales (Davidson, 1967, p. 342).

Aries: Malchedael o Machidiel

Aunque Malchedael y Machidiel (plenitud de Dios) aparecen con frecuencia en la tradición popular como ángeles distintos, es probable que sean dos nombres para el mismo ángel.

Machidiel es el ángel de marzo, responsable de las personas nacidas bajo el signo de Aries. Puedes invocarlo en los momentos en que buscas renovar tu fuerza y valor para defender lo que consideras justo. En el primer libro de Enoc se le llama Melkejal, el ángel que se encarga de vigilar el comienzo del año.

Machidiel es uno de los ángeles del Árbol de la Vida y a menudo lo invocan los hombres que realizan rituales de magia para atraer a mujeres adecuadas. Ayuda a la gente a encontrar el valor necesario para expresar su amor al prójimo.

Tauro: Asmodel

Asmodel («Me transformo») rige el mes de abril y es responsable de la gente nacida bajo el signo de Tauro. Con frecuencia se alude a él como ángel de la paciencia ya que fomenta el avance lento pero constante. En otro tiempo, Asmodel fue un querubín encargado de vigilar la entrada al jardín del Edén. Esto podría explicar su amor a las flores y la naturaleza. Por desgracia, fue destituido después de una importante rebelión en el cielo. Puedes invocar a Asmodel para cuestiones relativas al amor, el romance y la naturaleza. No obstante, lo que más le gusta a él es ayudar a las personas a centrarse en sus objetivos, especialmente asuntos que les permitan mejorar a ritmo constante su posición financiera.

Géminis: Ambriel

Ambriel rige el mes de mayo y es responsable de la gente nacida bajo el signo de Géminis. Es un príncipe del coro de los tronos, considerado a menudo arcángel. Puedes invocarlo para asuntos relacionados con la comunicación. Se ocupa de todo lo que concierne al bien y el mal, y aparece representado en muchos casos con una mano alzada ante él para ahuyentar las energías malignas. Disfruta ayudando a la gente que busca nuevas oportunidades y responsabilidades.

Cáncer: Muriel

Muriel rige el mes de junio y es responsable de las personas nacidas bajo el signo de Cáncer. Es también uno de los cuatro regentes del coro de los dominios. Muriel es el ángel de la paz y la armonía. Está dispuesto a ayudar a cualquiera, aunque disfruta en especial trabajando con gente involucrada en relaciones íntimas. Asiste además a las personas que aman la naturaleza. Puedes invocar a Muriel cada vez que necesites controlar tus emociones. También puedes pedirle ayuda cuando procuras desarrollar tu intuición.

Leo: Verchiel

Verchiel rige el mes de julio y es responsable de las personas nacidas bajo el signo de Leo. Verchiel es uno de los príncipes regentes del coro de las potestades. Ciertas autoridades consideran que además es un príncipe de la categoría de las virtudes. El físico francés de origen español Papus (seúdónimo de Gérard Encausse), conocido ocultista, afirmaba que Verchiel regía el sol.

Este ángel ayuda a todos quienes anhelan amistad y amor. Proporciona entusiasmo, energía y la noción de diversión. Deberías invocar a Verchiel si experimentas problemas con la familia y amigos.

Virgo: Hamaliel

Hamaliel rige el mes de agosto y es responsable de las personas nacidas bajo el signo de Virgo. Es responsable asimismo del coro de las virtudes. Puede invocarse a Hamaliel para cualquier problema relacionado con la lógica, la lucidez y la atención al detalle. Hamaliel recomienda paciencia, avance lento pero constante, cooperación con los demás y un enfoque práctico en la resolución de problemas.

Libra: Zuriel o Uriel

Zuriel («mi roca es Dios») rige el mes de septiembre y es responsable de la gente nacida bajo el signo de Libra. Zuriel es el príncipe regente del coro de los principados. Se le puede invocar para crear armonía y mejorar las relaciones. Es además el ángel de la infancia y a veces se le invoca para aliviar el dolor de la madre al dar a luz. El libro de Raziel, en su versión manuscrita del siglo XIII, recomendaba a las mujeres embarazadas llevar amuletos con el nombre Zuriel inscrito para recibir protección durante el embarazo y el parto.

Escorpio: Barbiel

Barbiel rige el mes de octubre y es responsable de las personas nacidas bajo el signo de escorpio. Es príncipe tanto del coro de las virtudes como del coro de los arcángeles. También muestra un gran interés por la astrología. Parece haber dos ángeles llamados Barbiel. El segundo es un ángel caído considerado uno de los veintiocho ángeles soberanos de las mansiones de la luna. Puedes invocar a Barbiel para curar el dolor físico y emocional. También ayuda a desarrollar la intuición y la compasión.

Sagitario: Adnachiel o Advachiel

Adnachiel rige el mes de noviembre y es responsable de las personas nacidas bajo el signo de Sagitario. Adnachiel comparte con Phaleg el gobierno del coro de los ángeles. A veces se le denomina ángel de la independencia, pues disfruta ayudando a personas de inclinación aventurera. Puedes invocarlo cuando necesites ayuda en asuntos que incluyan un elemento de riesgo o se salgan de tu zona de confort.

Capricornio: Haniel

Haniel («el que ve a Dios» o «gloria de Dios») rige el mes de diciembre y es responsable de las personas nacidas bajo el signo de Capricornio. Es príncipe del coro de los principados y también del coro de las virtudes. Además, es uno de los diez arcángeles de la Cábala judía. *La jerarquía de los ángeles benditos* (1635) de Thomas Heywood lo incluía como uno de los siete grandes arcángeles. A veces se ha dicho que es el ángel que transportó a Enoc al cielo. Sin embargo, esta hazaña se atribuye normalmente a Anafiel. Haniel era uno de los ángeles que ayudó a Dios a crear el mundo, convirtiéndolo posteriormente en el ángel responsable del segundo cielo. Es un ángel planetario, considerado el soberano de Venus. A menudo se le llama ángel de la dicha, el amor y la armonía. Puedes invocar a Haniel para recibir su asistencia en cuestiones relativas al amor, el hogar y la familia. Favorece la sanación emocional y ayuda a establecer y mantener relaciones armoniosas con los demás.

Acuario: Cambiel o Gabriel

Cambiel rige el mes de enero y es responsable de las personas nacidas bajo el signo de Acuario. A Cambiel le interesa la ciencia y la tecnología. Está deseoso de ayudar en cuestiones relativas al progreso, los inventos y todo lo nuevo y progresista.

Piscis: Barchiel

Barchiel («bendiciones divinas» o «rayo de Dios»), conocido también como Barakiel, rige el mes de febrero y es responsable de las personas nacidas bajo el signo de Piscis. Es soberano del segundo cielo y se le considera uno de los dieciocho Soberanos de la Tierra. Reconocido como uno de los ángeles más importantes del cielo, de él cuidan 496.000 miríadas de ángeles protectores. Además de cuidar a los nacidos en Piscis, Barchiel ayuda a velar por el signo de escorpio. Con frecuencia se le invoca para asistir a aquellos que precisan de buena suerte. Por este motivo, es un ángel popular entre las personas relacionadas con los juegos de azar y las apuestas. Barchiel ayuda a adoptar una actitud positiva ante la vida.

Ángeles de los elementos

Suele relacionarse a algunos ángeles con los cuatro elementos de la antigüedad: fuego, aire, agua y tierra. Estos ángeles se asocian también a los cuatro puntos cardinales. En el Apocalipsis de San Juan, Juan el Divino escribió: «Vi a cuatro ángeles que estaban sobre los cuatro ángulos de la tierra, allí en pie, deteniendo los cuatro vientos de la tierra» (Apocalipsis 7:1). Ahora ya conoces a la mitad de los ángeles de los elementos, pues los mencionados por Juan eran los cuatro arcángeles principales: Miguel, Rafael, Gabriel y Uriel.

Puedes invocar a los ángeles de los elementos para una amplia variedad de propósitos. Por lo general, deberías contactar con Aral, Chasan, Taliahad y Phorlakh cuando necesites ayuda en cualquiera de las áreas descritas a continuación. Sin embargo, si la necesidad es urgente, puedes invocar también a los arcángeles.

Fuego

Dirección: Sur
Arcángel: Miguel
Ángel: Aral

Los ángeles del fuego te asistirán en cualquier asunto relacionado con el entusiasmo, el cambio, la energía, el poder, el coraje, la libertad, el empuje, la motivación, la purificación y la fuerza. Además, pueden ayudarte a controlar los sentimientos negativos y emociones como la ira, el egoísmo, el odio y la posesividad.

Aire

Dirección: Este
Arcángel: Rafael
Ángel: Chasan

Los ángeles del aire están dispuestos a ayudarte en cualquier cuestión relativa a la claridad, la discriminación, la felicidad, la lógica, el intelecto, la mente y el conocimiento. Además, sirven para controlar los sentimientos negativos y emociones como la ansiedad, el miedo, la inseguridad y la impulsividad.

Agua

Dirección: Oeste
Arcángel: Gabriel
Ángel: Taliahad

Los ángeles del agua están dispuestos a ayudarte en asuntos que impliquen compasión, solidaridad, comprensión, sueños, intuición, feminidad, sensualidad y sexualidad. Además, te ayudan a controlar sentimientos y emociones negativos como los celos, el engaño, el odio, el resentimiento, la traición y las murmuraciones.

Tierra

Dirección: Norte
Arcángel: Uriel
Ángel: Phorlakh

Los ángeles de la tierra pueden asistirte en cuestiones relacionadas con la naturaleza, la supervivencia, el crecimiento, la salud, el bienestar, la responsabilidad, la sustancia y el sentido práctico. Además, son de ayuda a la hora de controlar emociones y sentimientos negativos como la pereza y dejar cosas para más tarde, la codicia, la melancolía y la obstinación.

Ángeles de prosperidad y abundancia

Todo el mundo desea tener éxito y fortuna. No es de extrañar que a diario se recen infinidad de oraciones solicitando la opulencia en todas las áreas de la existencia de las personas. El papel de unos cuantos ángeles es favorecer la prosperidad en la vida, una labor que les gusta llevar a cabo en segundo plano con el fin de ayudarte a cumplir tus objetivos y brindarte las oportunidades necesarias para tu progreso vital. En momentos de apuro, cuesta creer que vivamos en un mundo de abundancia. Sin embargo, la exuberancia de la naturaleza demuestra lo copioso que resulta este planeta.

Por desgracia, mucha gente es muy consciente de la pobreza debido a que constantemente se recrea en la parte negativa de la vida en vez de fijarse en la positiva. Si de pequeño has oído en tu familia comentarios del tipo «el dinero no crece en los árboles», es muy probable que sufras de esta excesiva preocupación por la pobreza. Por suerte, los ángeles de la abundancia están deseosos de ayudar a cambiar tus actitudes y pensamientos negativos para reemplazarlos por sentimientos de abundancia y bienestar. A continuación, una lista de los ángeles de prosperidad más importantes.

Tu ángel de la guarda

Tu ángel de la guarda quiere que tengas éxito y hará todo lo posible para proporcionarte abundancia en cada área de la vida. Al fin y al cabo, este ángel especial sufre siempre que experimentas tensión, estrés y penurias financieras. Aunque quiera ofrecer su ayuda, no lo logrará sin tu aportación. Debes hacerle saber qué quieres y qué estás dispuesto a hacer para conseguirlo.

Si has establecido una relación íntima con tu ángel de la guarda, podréis tratar de cualquier cuestión en vuestras conversaciones, incluida la prosperidad. Él es el ángel de la prosperidad que más puede hacer por ti.

Raziel

En el capítulo 4 tratamos sobre Raziel («secreto de Dios») y de cómo en la Cábala se le reconoce como arcángel. Se le considera también autor del libro de Raziel, en el que «se establece todo el conocimiento celestial y terrenal». En realidad este libro posiblemente fue escrito por un autor medieval, Eleazar de Worms.

Raziel es príncipe del coro de los tronos, miembro de los querubines e integrante del Sarim, el grupo de príncipes angelicales del cielo. Cuando lo invoques, este empleará todo su conocimiento del universo para ayudarte a alcanzar tus objetivos.

Gamaliel

Gamaliel («recompensa de Dios») es considerado un ángel beneficioso en la Cábala y los textos gnósticos. Su trabajo incluye hacer llegar las bendiciones de Dios a las personas que las merecen. Estas bendiciones comportan dinero, dicha, felicidad y buena suerte. Gamaliel también tiene relación con el karma y da a la gente exactamente lo que se merece, mostrándose de lo más generoso si sus acciones han sido buenas. Dado que concede recompensas con tanta frecuencia, se le considera un generoso ángel de la abundancia.

Pathiel

Pathiel («el que abre primero») ha sido invocado durante miles de años por personas que buscan la prosperidad en la vida. Los antiguos místicos judíos ya lo invocaban al final del *sabbat*, convencidos de que les proporcionaría lo que deseasen. Pathiel es un ángel de sorpresas, y puede ofrecerte oportunidades de prosperidad y abundancia de manera inusual. Es probable que te entregue bendiciones inesperadas, no solicitadas, que te ayudarán a incrementar tanto tu felicidad así como tu fortuna.

Barchiel

Barchiel («bendiciones de Dios») es el ángel que rige el mes de febrero y el signo zodiacal de Piscis. También se le conoce a menudo como Barakiel. Es el ángel de la suerte y la buena fortuna. Extremadamente positivo, te ayudará a mantenerte feliz y asimismo centrado, mientras intentas mejorar tus finanzas.

Gadiel

Gadiel («Dios es mi riqueza») es uno de los ángeles más venerados y respetados del cielo. Está preparado para guiarte en la dirección correcta y brindarte oportunidades de adquirir riqueza y posición de un modo lento pero constante.

Ángeles de sanación

No hay nada tan importante como la sanación. De hecho, si tienes en cuenta que implica aspectos emocionales, mentales y espirituales así como físicos, resulta obvio que casi todo el mundo la necesita. Puedes pedir a los ángeles que favorezcan también la curación de tus mascotas. Cuando eres tú mismo el que necesita curarse, es probable que prefieras pedir asistencia a tu ángel de la guarda. Este ángel te ayudará a sanar a los demás también.

Siempre que sea posible, deberías pedir permiso antes de intentar curar a alguien. Aunque suene extraño, hay personas que de hecho disfrutan estando enfermas. Les gusta recibir atención de los demás; algunas incluso aprovechan la excusa para quedarse en la cama en vez de enfrentarse al mundo exterior y sus tensiones potenciales. Obviamente, no puedes pedir permiso si la persona implicada está inconsciente o si no sabes dónde se encuentra.

Rafael, arcángel de la curación

Rafael suele ser la primera elección cuando alguien necesita curarse. Al fin y al cabo el nombre Rafael significa «Dios sana». Curó a Abraham y a Jacob, así como a Tobías y a Sara. Esto le convierte en una buena opción siempre que alguien padece cualquier tipo de dolor, bien sea un amigo, un familiar o tú mismo. Rafael cura toda clase de dolor. Sanará también el producido por una relación rota, por ejemplo. Además restablecerá la relación si es eso lo que desean ambas partes.

Miguel, arcángel de la fuerza y protección

El arcángel Miguel también se interesa mucho por la sanación. Dicen que creó un manantial de curación en Chairotopa, cerca de Coloseo. Las personas que se bañaban en la fuente mientras invocaban a la Santísima Trinidad y a Miguel, salían del agua curadas (Guiley, 1996, p. 128).

También se atribuye a Miguel el fin de la plaga que diezmó Roma. San Gregorio (después papa Gregorio) guio al pueblo en una procesión de tres días por las calles de Roma, y al llegar a la tumba de Adriano tuvo una visión de Miguel de pie en lo alto del monumento. El arcángel estaba enfundando con aire tranquilo una espada ensangrentada. Esto hizo saber a Gregorio que la plaga había concluido y erigió en aquel lugar una iglesia dedicada a Miguel.

Sariel

Al igual que sucede con Rafael, siempre se ha reconocido a Sariel como uno de los principales ángeles de sanación. Dado que se le considera el ángel que enseñó los principios de higiene al rabino Ismael, a menudo se le invoca para ayudar a curar tanto infecciones como enfermedades causadas por la falta de limpieza o buena higiene.

Tu ángel de la guarda

Deberías invocar a tu ángel de la guarda para solicitar su ayuda con cualquier enfermedad que no comprometa la vida. Tu ángel está deseoso de hacer cualquier cosa con tal de ayudarte, inclusive la sanación.

También te ayudará a curar a otras personas. Mientras te comunicas con él, puedes pedirle que se ponga en contacto con los ángeles de otras personas y exprese tu deseo de que recuperen el bienestar físico.

María, Reina de los Ángeles

María, la madre de Jesús, es venerada por muchos miembros de la Iglesia Católica convencidos de que puede sanar y procurar alivio a las personas que piden ayuda. Una de sus apariciones más famosas tuvo lugar en 1858 cerca de Lourdes, en el suroeste de Francia. Entre el 11 de febrero y el 16 de julio, una chica de catorce años llamada Bernadette Soubirous vio a la Virgen María quince veces en una gruta junto a un arroyo próximo al pueblo. Veinte mil personas acudieron a presenciar la aparición final. En 1862, la Iglesia Católica decidió que las apariciones eran reales, lo cual auspició el culto a Nuestra Señora de Lourdes. En la actualidad, visitan el lugar más de tres millones de peregrinos al año. La Virgen María se ha aparecido al menos otras cuatro veces, acompañada de otros ángeles. Estas apariciones tuvieron lugar en Guadalupe, México, en 1531; París, Francia, en 1830; Knock, Irlanda, en 1879, y Fátima, Portugal, en 1917.

No es imprescindible ser católico romano para invocar a María, Reina de los Ángeles, solo es necesaria una oración sencilla y sincera.

Ángeles de sanación de Hodson

De adolescente tuve la suerte de asistir a numerosas conferencias de Geoffrey Hodson (1886-1983), conocido místico y teósofo, autor de muchos libros, inclusive varios sobre ángeles. Sus textos se basaban en conversaciones mantenidas con un ángel llamado Bethelda que se le apareció en 1924 mientras él y su esposa descansaban en una colina con vistas a un bosque de hayas en Gloucestershire, Inglaterra.

Bethelda le dijo que todos los ángeles se dividían en siete categorías.

1. *Ángeles de Poder:* Ayudan al desarrollo espiritual de la gente.

2. *Ángeles de Sanación:* Asisten a las personas a conservar la buena salud. Además favorecen su recuperación cuando se ponen enfermos.

3. *Ángeles de la Guarda en el Hogar:* Protegen todos los hogares.

4. *Ángeles del Desarrollo:* Nos motivan e inspiran para alcanzar todo lo posible en los ámbitos de la mente, el cuerpo y el espíritu.

5. *Ángeles de la Naturaleza:* Este grupo está constituido por los *devas* o espíritus elementales que viven en el fuego, la tierra, el aire y el agua.

6. *Ángeles de la Música:* Cantan alabanzas a Dios e inspiran a la gente para cantarle y adorarle.

7. *Ángeles de la Belleza y el Arte:* Inspiran a las personas que participan en cualquier forma de creatividad. También facultan a la gente a reconocer y apreciar la belleza en todas sus formas.

Se puede invocar a los ángeles del grupo sanador cada vez que sea necesario algún tipo de sanación. Operan bajo la orientación del arcángel Rafael y ofrecen curación y alivio a las personas que no se encuentran bien. También entregan amor y consuelo a los desconsolados.

Ángeles enoquianos

El doctor John Dee y su adivino, Edward Kelley, documentaron innumerables comunicaciones con el reino angelical entre 1581 y 1587. La mayor parte de esta información fue transmitida en el lenguaje enoquiano, y a estos ángeles se los conoce como ángeles enoquianos. La mayoría de los mensajes llegaban del Gran Ángel Ave, aunque hubo muchos otros, incluido un ángel femenino llamado I AM que no se comunicaba directamente con el doctor Dee sino que enviaba los mensajes a través de seres espirituales infantiles. Uno de ellos era Madimi, que se aparecía como una niña de cabello dorado. Los mensajes de Madimi cautivaron al doctor Dee, quien puso este nombre a una de sus hijas.

El sistema angelical enoquiano se divide en atalayas, que representan simbólicamente las cuatro direcciones de la tierra. Cada atalaya la gobiernan seis miembros ancianos de un consejo, y por debajo de ellos hay una enorme jerarquía de arcángeles y ángeles. Es un sistema muy enrevesado y complejo. En la actualidad, cuatrocientos años después de los informes del doctor Dee y Edward Kelley, más gente que nunca se dedica al estudio de los ángeles enoquianos.

6

Cómo comunicarse
con los ángeles

Muchas personas viven experiencias inesperadas con ángeles, a menudo en momentos de gran estrés. Hace varios años conocí a una mujer que me contó que un ángel la salvó a ella y a su hija. Doreen acababa de acostarse cuando recibió una llamada de su hija adolescente pidiéndole que fuera a recogerla a una fiesta a la que había ido con una amiga. Las jóvenes estaban asustadas, pues se había iniciado una pelea en la reunión, que se celebraba a varios kilómetros de distancia. Hacía una noche fría y lluviosa, pero Doreen subió al coche y condujo lo más deprisa posible para recoger a las dos asustadas chicas. A medio camino, el semáforo que tenía delante cambió de pronto. Dio un frenazo y el coche resbaló a un lado, chocando con un poste de la electricidad. No había nadie en las inmediaciones. Tras respirar hondo un par de veces, salió del coche para inspeccionar los desperfectos en el coche y el poste. El poste estaba intacto, pero el capó del coche y la portezuela del pasajero parecían haber sufrido serios daños. Doreen volvió a entrar en el vehículo e intentó arrancarlo, sin resultados. Con las prisas, se había olvidado del móvil. Se percató de que estaba totalmente sola en medio de una noche horrorosa y que cualquier cosa podía sucederle a su hija. Al comprender el alcance de su aprieto empezó a llorar. De pronto oyó un suave golpeteo en la ventanilla y, al volverse, descubrió a un hombre sonriente que la saludaba con una linterna en la mano. De forma instintiva pensó que podía confiar en él. «Este coche necesitará una visita al taller —dijo el hombre—, pero tal vez yo pueda ponerlo en marcha ahora. ¿Lo intento?»

Doreen se secó una lágrima y asintió. El hombre levantó el capó y pasó unos minutos escudriñando el motor. Tras unos pequeños ajustes, pidió a Doreen que intentara arrancar de nuevo. Para su asombro, el coche arrancó. Se volvió hacia el hombre, pero había desaparecido. A continuación salió del coche, pero no había rastro de él ni de su linterna. Mi amiga continuó el viaje, rescató a las dos muchachas aterrorizadas y se fueron para casa. Al día siguiente llevó el coche al mecánico a quien le costó creer que hubiera sido capaz de conducirlo dada la grave avería.

Doreen cree que el misterioso desconocido que acudió en su ayuda era un ángel. Hasta ese momento, apenas había pensado alguna vez en tales seres, pero la experiencia le cambió la vida. «¿Y cómo no? —me explicó—. Me encontraba en una situación horrible y él me salvó.»

Por suerte, la mayoría de la gente no necesita llegar a situaciones tan comprometidas para ponerse en contacto con los ángeles. Hay muchas maneras de comunicarse con ellos. Dado que todo el mundo es diferente, a ciertas personas les funcionan unos métodos mejor que otros. Deberías experimentar con varias técnicas diferentes y ver cuáles te van mejor. A los ángeles les hará mucha ilusión saber que intentas contactar con ellos y responderán encantados.

Cómo tomar conciencia de los ángeles

La manera más fácil de tomar conciencia del mundo angelical es darte la oportunidad de relajarte al máximo, invocar a los ángeles y esperar a que den una respuesta.

Encuentra un lugar donde creas que no vayas a ser molestado. Yo prefiero hacer este ejercicio en interiores, para evitar cualquier posible distracción. Avisa a todo el mundo en casa que no quieres interrupciones durante una media hora. Desconecta el móvil y corre las cortinas. Necesitas estar lo más cómodo posible, asegúrate por tanto de que la temperatura es agradable y ponte ropa holgada. Personalmente, me gusta sentarme en una silla reclinable, pero a veces me tumbo directamente en el suelo. Prefiero no echarme en la cama, ya que me quedo dormido con facilidad.

Una vez estés listo, cierra los ojos y respira hondo diez veces, muy despacio. Aguanta cada inspiración durante un par de segundos y espira lentamente. Por lo general, mientras respiro repito para mis adentros «relájate, relájate, relájate».

Seguidamente, relaja conscientemente cada parte del cuerpo, comenzando por la punta de los pies y ascendiendo hasta lo alto de la cabeza. Aunque en el capítulo 3 ya hemos descrito con más detalle diversas técnicas, expongo a continuación otro método que empleo para relajarme del todo.

Ponte cómodo, cierra los ojos e imagínate de pie sobre un acantilado con vistas a una playa y al mar. Puedes recordar alguna ocasión en que de hecho estuvieras en un lugar así o puedes crear una imagen mental. Imagina la fragancia y la sensación de las rociadas saladas del mar, el sonido de las gaviotas sobre ti, la suave brisa en el rostro y cualquier elemento que seas capaz de recordar o imaginar. Algunas personas son capaces de visualizar el conjunto como un cuadro en su mente, otras captan sensaciones, oyen los sonidos o perciben olores. Tanto da la manera particular en que lo «veas».

Una vez tengas una escena clara en la mente, imagina un tramo de escaleras descendiendo hasta la playa. Mis escaleras cuentan con diez peldaños, pero las tuyas pueden tener menos si quieres. Apoya la mano en el pasamanos y desciende un peldaño. Al hacerlo pronuncia en silencio «diez». Visualízate ahondando en la relajación mientras dices «diez». Repite el proceso contando un número menos con cada peldaño hasta que te encuentres en la arena. Deberías sentirte totalmente relajado después de eso, pero para asegurarte, visualiza unos imanes gigantes bajo la arena que extraigan hasta el último vestigio de tensión o estrés de tu cuerpo. Túmbate sobre la arena sintiendo la total relajación y satisfacción.

En este grato estado de calma y paz, vuelve a pensar en tu deseo de contactar con los reinos angelicales. Si quieres hablar con un ángel en concreto, piensa en él. Si no tienes uno en mente, concéntrate en tu ángel de la guarda. Dale las gracias (o al ángel con el que quieras comunicarte) por cuidar de ti, por su apoyo y consejos. Dile que te gustaría mantener un contacto regular y pregúntale si sería posible. Haz una pausa, disfruta de la agradable relajación de cada célula de tu cuerpo y continúa a la espera.

Es poco probable que recibas una respuesta la primera vez que hagas este ejercicio, pero puede suceder. Conozco a varias personas que han establecido contacto en el primer intento. Si tienes la suerte de encontrarte en este grupo, expresa tu amor y agradecimiento al ángel de la guarda o al ángel con el que desees comunicarte. A continuación puedes pedir ayuda o consejo.

No hay por qué sentirse decepcionado si no estableces contacto la primera vez, ni la décima siquiera. Has conseguido vivir satisfactoriamente en este planeta toda la vida sin tan siquiera intentar esta comunicación. El ángel con quien tratas de comunicarte tal vez simplemente te esté poniendo a prueba, para ver lo persistente y decidido que eres. Una vez tu seriedad y sinceridad queden demostradas, responderá a tu petición.

Es posible que la respuesta no llegue de la forma esperada por ti. Tal vez oigas una vocecilla tranquila en tu cabeza, que se reconoce de inmediato, pues es muy diferente de la constante cháchara que nunca cesa en el interior de nuestra cabeza. La voz del ángel sonará más poderosa y vibrante, y te ofrecerá información y conocimiento que de otro modo ignorarías.

La respuesta puede venir en forma de sueño. Dado lo rápido que se desvanecen los sueños, resulta útil tener un diario de sueños al lado de la cama para anotar nada más despertar todo lo que consigas recordar. No es siempre fácil determinar si el sueño lo provoca el ángel con quien intentabas contactar o tu inconsciente. No obstante, con el tiempo y la experiencia comprenderás que los mensajes y apreciaciones de tu ángel presentan una mejor calidad que tus pensamientos habituales.

Tal vez recibas una respuesta de modo diferente por completo. Las plumas blancas son un buen ejemplo. Lo interesante de tales plumas es que una vez has recibido la primera, adviertes sin esfuerzo más y más, hasta que finalmente respondes a ellas. Es así sobre todo cuando eres consciente de que los ángeles están animándote a hacer algo que reconoces que deberías hacer, aunque no te apetece en realidad. Lo he experimentado en más de una ocasión.

Una mujer que conozco me explicó que en su caso una agradable fragancia le anuncia que ha establecido contacto con un ser angelical. Aunque ha intentado detectar este perfume en algún otro lugar o momento, nunca lo ha conseguido. Es posible que empieces a descubrir pequeñas monedas u objetos que te avisan de una presencia angelical. Algunas personas oyen sonidos extraños, como alguien silbando, que les notifican que van a disfrutar en breve de la compañía de los ángeles.

Una forma frecuente de comunicación es la que sucede cuando un problema o dificultad ha quedado resuelto de repente. Por lo general esto significa que el ángel ha solucionado el problema para satisfacción de todo el mundo y desea hacerlo saber.

Tras establecer contacto con tu ángel, deberías proponerte mantener las líneas abiertas. En un principio, es más fácil conseguirlo con sesiones regulares de relajación. Sin embargo, una vez vayas acostumbrándote, advertirás que es posible aprovechar cualquier momento libre, apenas unos minutos a lo largo del día, para comunicarte con tu ángel. Puedes disfrutar de una conversación mientras te das una ducha, vas en autobús o en tren, cuando te pilla un atasco, mientras esperas en una cola o disfrutas de un paseo. El momento antes de acostarte es recomendable también, ya que entonces la comunicación puede prolongarse durante tus sueños. Es posible aprovechar cualquier rato libre. Con la práctica, el ruido externo no te molestará. Yo he mantenido conversaciones angelicales en medio de un aeropuerto abarrotado justo después de la cancelación de un vuelo. Una vez has establecido una buena comunicación, puedes contactar con los reinos angelicales cada vez que quieras.

Escribir una carta

Escribir una carta a un ángel en particular es una buenísima manera de establecer contacto. Redactar una buena carta lleva tiempo y dedicación, pues te obliga a pensar en profundidad en el problema que te preocupa antes de expresar lo negro sobre blanco. La concentración que implica este proceso a menudo propicia que el contacto angelical se produzca antes de terminar de escribir la misiva.

Me gusta emplear papel de buena calidad y una pluma estilográfica, ya que me ayuda a iniciar la carta en un estado mental diferente a si garabateara unas líneas sobre un trozo de papel.

Es necesario tomarse en serio la redacción de la carta, pero esto no significa que se deba usar un estilo formal y forzado. No lo harías si escribieras a un buen amigo, y lo mismo es aplicable en este caso. Utiliza un estilo informal, familiar y amistoso para conseguir mejores resultados.

Es obvio que escribes la carta con un objetivo específico en mente, por lo tanto es preciso explicarlo con todo detalle. Tal vez pidas ayuda para ti mismo o para alguien cercano. Darás la perspectiva apropiada a tus preocupaciones y problemas al escribirlos. Por supuesto, tal vez la carta no tenga que ver con un problema o dificultad, podría tratarse de algo tan sencillo como pedir a tu ángel una comunicación más eficaz.

Aparte de esto, conviene explicarle cómo te van las cosas en la vida. Escribe tanto de aspectos buenos como de malos. Habla de tu familia y lo que están haciendo. Escribe también sobre tus esperanzas y sueños. El proceso de anotarlos permite aclarar la mente, y a menudo transforma los sueños en objetivos alcanzables.

Te asombrará comprobar todo lo que surge cuando te sientas a redactar una carta a un buen amigo, que en realidad eso es tu ángel. La mayoría de este tipo de cartas se dirigen al ángel de la guarda, por lo tanto puedes aprovecharlas como una oportunidad para ponerle al día de lo que sucede en tu vida. Si estás escribiendo a un ángel en particular con un propósito específico, deberías empezar por presentarte y explicarle algo sobre ti y tu vida antes de pasar a expresar tu necesidad de ayuda.

Al finalizar la carta, deberías dar las gracias al ángel por leerla, y declarar tu confianza en su voluntad de ayudar. Por último, manifiesta tu amor y firma la carta. Métela dentro de un sobre y escribe «A mi ángel de la guarda» (o el nombre correspondiente) en la parte delantera.

Una vez has escrito la misiva, es preciso enviarla al ángel en particular. Necesitarás varios minutos de paz y tranquilidad para hacerlo. Siéntate delante de una vela encendida. Apoya el dorso de la mano derecha en la palma de la izquierda, con el pulgar izquierdo descansando sobre la palma derecha (si eres zurdo, tal vez prefieras apoyar la mano izquierda sobre la palma derecha). Deberías colocar la carta sobre la palma derecha, sostenida con el pulgar izquierdo.

Mientras observas la llama de la vela, piensa en el ángel al que diriges la carta. Si es a tu ángel de la guarda, puedes meditar sobre todo lo que hace por ti y darle las gracias. Si se trata de un ángel con el que contactas por un motivo específico, repasa lo que sabes acerca de él y en tus razones para contactarle. Dale las gracias por tener en cuenta tus inquietudes. Tómate el rato necesario para realizar esta parte del proceso. Tal vez percibas la presencia angelical. Si así fuera, establece de inmediato una comunicación silenciosa. Lo más probable es que adviertas la sensación de amor y protección que te envuelve.

Cuando creas que es el momento adecuado, quema el sobre con la llama de la vela y observa el humo ascendente que transporta el mensaje a tu ángel. Pronuncia un último «gracias» mientras el humo continúa elevándose. Una vez la carta se ha consumido por completo, levántate y continúa con tu actividad, con la tranquilidad de que la carta ya ha sido entregada.

Siempre que uses velas deberías hacerlo con suma precaución. Yo las coloco sobre bandejas de metal cuando es posible e invariablemente con un jarro de agua a mano, por si se produce un accidente. Nunca he tenido ningún problema, pero más vale prevenir que lamentar.

Diario angelical

Disfruto escribiendo mi diario de mensajes a los ángeles, y estoy seguro de que te resultará útil, y posiblemente adictivo, empezar a escribir uno. A medida que lo uses se ampliarán tus reflexiones angelicales, de manera que cuando vuelvas a leer las entradas, darás con muy buenas ideas que antes las pasabas por alto en cierto modo. El diario se convertirá también en un registro de tu crecimiento y desarrollo espiritual. Dado que es un diario privado y especial, en él puedes anotar cosas que ni soñarías contar a los demás. De hecho, nunca he enseñado a nadie estos diarios.

Puedes anotar lo que quieras en él. Es posible que te apetezca escribir a un ángel en particular cada día específico de la semana. Si escribes una entrada el lunes, por ejemplo, tal vez quieras mandar tu mensaje al arcángel Miguel, responsable de las jornadas de los lunes. Si resulta que estás escribiendo una entrada cuando el sol está en Leo, podrías escribir a Verchiel, que cuida de las personas nacidas bajo este signo; no tienes que ser Leo para hacerlo. Tal vez decidas escribir a los ángeles de los elementos, a los de la semana o a los que se ocupan de determinados problemas. Tampoco tienes que esperar a que llegue un día específico de la semana para hablar con un ángel; si tienes un encuentro importante en jueves, por ejemplo, podrías escribir un mensaje a los ángeles que se ocupan del jueves (Sachiel, Zadkiel y Zachariel) unos días antes, pidiendo ayuda o consejo para la inminente reunión. Si no tienes nada específico sobre lo que escribir, intenta redactar un mensaje al ángel del día dándole las gracias por protegerte y orientarte. Por supuesto, no es necesario escribir si no tienes nada que decir. Yo normalmente anoto alguna cosa, aunque sea un sencillo agradecimiento al ángel del día.

No te autocensures ni contengas cuando escribas en el diario. Si hay algo que te preocupa o molesta, exterioriza tus sentimientos sobre el papel. Una vez hayas plasmado estas preocupaciones, puedes empezar a escribir un mensaje al ángel.

Probablemente te resulte más fácil escribir ciertos días en vez de otros. En ocasiones he dedicado toda una hora o más al diario sin enterarme. Me encantan esos momentos, igual que cuando releo lo que he redactado y encuentro que el mensaje ha sido escrito a través de mí en vez de por mí. Esto significa que un ángel ha tomado el control de mi pluma y me ha mandado un mensaje.

Puedes escribir el diario en el formato que desees. El primero que tuve fue una libreta de ejercicios escolares. Desde entonces he empleado atractivas libretas encuadernadas en tela que adquiero en papelerías; también pueden comprarse en tiendas *online*.

Escribo las entradas con un boli negro. Empleé uno para mi primer diario y he continuado así desde entonces. Quizá resulte extraño escribir cartas a los ángeles con pluma estilográfica y usar un boli para el diario. En realidad no tiene explicación, excepto que se ha convertido en una costumbre, y ambos parecen adecuados para su función específica. Por cierto, no empleo la pluma y el boli para ningún otro cometido que comunicarme con los ángeles.

Meditación con velas

Se trata de un método especialmente útil para establecer contacto angelical. Puedes ponerlo en práctica cada vez que lo desees. Me gusta hacerlo por la noche con la vela como única fuente de luz. Se puede usar cualquier vela que te apetezca, siempre que resulte atractiva y apropiada para la ocasión. Yo no emplearía una con forma de personaje de dibujos animados, por ejemplo. Me encantan las velas y dispongo de una amplia gama de diferentes colores para elegir. A veces selecciono la que me parece más apropiada para el momento y otras veces la escojo según el color. Cada color conlleva diversas asociaciones.

Rojo ofrece seguridad, vitalidad, entusiasmo y pasión.

Naranja proporciona motivación y elimina miedos, dudas y preocupaciones.

Amarillo estimula la mente y favorece una comunicación sincera.

Verde aporta estabilidad, satisfacción y armonía. También alivia el estrés y la ira.

Azul promueve la lealtad, la seriedad y la toma de decisiones. Previene la indecisión.

Añil ofrece fe y ayuda a resolver los problemas familiares.

Violeta proporciona paz interior y alimenta el alma.

Blanco promueve la paz, la estabilidad y las relaciones cercanas, y favorece el respeto.

Rosa ayuda a superar los problemas emocionales y a dar y recibir amor.

Gris fomenta la modestia, la fiabilidad y el sentido práctico.

Plata ofrece confianza, calma y buena autoestima.

Oro elimina los pensamientos negativos asociados al dinero y el éxito mundano, y aporta motivación.

Las velas blancas sirven para cualquier propósito. Por consiguiente, cuando no estés seguro de qué color usar, elige el blanco.

Para meditar necesitarás una vela, una mesa y una silla de respaldo recto. Coloca una vela encendida sobre la mesa, a unos dos metros delante de donde vayas a sentarte. Una vez sentado, la llama de la vela debería encontrarse a la altura de tu frente y ojo interno o tercer ojo.

Siéntate y respira hondo, lentamente, mientras contemplas la llama de la vela. Pestañea cuando lo necesites, pero resiste cualquier tentación de cerrar los ojos. Descubrirás que te pesan los párpados ya que el proceso resulta de lo más relajante. Sigue contemplando la llama y piensa en tu deseo de contactar con un ángel en particular. Tras unos pocos minutos, podrías apreciar una presencia angelical a tu alrededor. Es probable que sea una sensación de calma, calidez y tranquilidad total; si tienes mucha suerte, llegarás incluso a captar fugazmente a tu ángel con el rabillo del ojo.

Una vez percibas que has establecido contacto con tu ángel, empieza a hablarle, en silencio o en voz alta. Yo prefiero hacerlo en voz alta, pero no siempre es posible si otras personas pueden oírte.

Círculo de la alegría

El círculo de la alegría es similar a un círculo mágico, un espacio sagrado especial dentro del cual dedicarte a alguna de tus prácticas espirituales. Puedes crear un círculo de la alegría en cualquier lugar con espacio suficiente. En los meses de verano, creo un círculo de la alegría al aire libre, y practico en interiores el resto del año.

El círculo puede ser real creado, por ejemplo, con un trozo de cuerda, dibujado con tiza o delimitado por pequeños objetos como cristales, piedras, adornos o velas. Pienso que es mejor empezar por un espacio físico, aunque con la práctica serás capaz de visualizar un círculo de cierto diámetro alrededor de ti y trabajar ahí dentro. Cuando creo el círculo dentro de casa, con frecuencia empleo una alfombra circular que lo define con claridad. En ocasiones también visualizo simplemente el círculo, pero la mayoría de las veces lo compongo mediante cristales.

Una vez has creado tu círculo, el siguiente paso es convertirlo en un espacio sagrado. Coloca una silla cómoda en el centro, camina a su alrededor tres o cuatro veces y a continuación siéntate en ella.

Ponte cómodo, cierra los ojos y respira hondo, despacio, varias veces. Imagina una bonita luz blanca descendiendo desde el cielo y llenando tu círculo de amor y protección. Siempre te sentirás a salvo y protegido dentro de él. También te sentirás lleno de amor divino. Una vez establezcas tu primer círculo de la alegría, te percatarás de que eres capaz de crearlo deprisa y fácilmente, sin importar dónde te encuentres.

El círculo te puede servir como espacio para relajarte, meditar, pensar en cómo te va la vida y hablar con los ángeles.

Cuando estés listo, pide al ángel con el cual quieres comunicarte que se una a ti en este círculo. Permanece sentado en silencio y concéntrate en tu respiración hasta percibir la llegada del ángel. Si ya te has comunicado con él anteriormente, sabrás al instante que ha llegado y notarás un cambio en la energía dentro del círculo. Si deseas hablar con un ángel a quien no has conocido todavía, ten paciencia y espera a recibir la señal de que se encuentra ahí. Tal vez notes un leve roce en el brazo o en el hombro. Podrías percibir un cambio de temperatura en la habitación o incluso oír un sutil sonido. Tal vez tengas sencillamente la sensación de que se encuentra ahí contigo. Suceda lo que suceda, ten la seguridad de que lo produce el ángel con el que quieres comunicarte.

Intercambia saludos y dale las gracias por responder a tu petición. Después de hacerlo y una vez te sientas relajado en su compañía, puedes hablar de cualquier cuestión que consideres oportuna. Una vez concluya la conversación, expresa tu sincero agradecimiento y permanece sentado tranquilamente en el interior del círculo un minuto o dos más. Cuando estés listo, abre los ojos, levántate, estírate y sal del círculo.

Antes de recoger todo, me gusta dejar el círculo en su sitio durante un rato. A veces, cuando no es posible, lo desmantelo de inmediato. Si estableces el círculo siempre en el mismo lugar, descubrirás que cada vez que lo haces la zona gana energía espiritual.

Círculo de protección

El círculo de protección emplea el círculo mágico de la alegría así como la ayuda de los cuatro grandes arcángeles —Rafael, Miguel, Gabriel y Uriel— para crear un poderoso ritual de protección. Conviene dominar el círculo de la alegría antes de experimentar con el de protección.

Establece el círculo como haces habitualmente. Primero da tres o cuatro vueltas alrededor, sin entrar aún en él. Antes de hacerlo date una ducha o baño para purificarte simbólicamente. Ponte ropa holgada y limpia, y solo entonces sitúate en el centro del círculo. Vuélvete de cara al este, cierra los ojos y visualiza una luz blanca entrando a raudales desde el cielo, llenando tu círculo de protección y amor divinos. Espera hasta que notes que se ha llenado por completo de la luz y di «gracias» en voz alta.

Abre los ojos y visualiza al gran arcángel Rafael de pie ante ti. Tal vez lo veas como lo retratan habitualmente los pintores: una figura barbuda con túnica que sostiene un báculo y un pez. Es más probable que lo veas como una bola de energía o un arco iris de colores. No te preocupes por cómo percibes a Rafael, mientras sepas que se encuentra justo ahí, delante de ti. Las primeras veces que ejecutes este ritual, es posible que debas limitarte a imaginar que se halla ahí. Cuando consigas percibir su presencia, extiende la mano derecha estirando el índice y el corazón como si señalaras directamente a Rafael. Crea en el aire ante ti un pentagrama imaginario (una estrella de cinco puntas) empezando por la parte inferior del lado izquierdo. Después de hacerlo, retira la mano unos centímetros y a continuación haz un gesto penetrante a través del centro de tu pentagrama.

Mantén la mano derecha así estirada mientras te giras noventa grados hasta quedar de cara al sur. Visualiza ahora al gran arcángel Miguel de pie directamente delante de ti. Tal vez lo veas como una figura barbuda sosteniendo una balanza. Podría ser un caballero con armadura, apoyando un pie en el dragón derrotado. Quizás aparezca como torbellinos de color. No importa cómo lo visualices mientras sepas que se encuentra ahí de pie delante de ti. Traza de nuevo el signo del pentagrama y finaliza con un movimiento penetrante hacia el interior del mismo.

Vuélvete otros noventa grados para situarte de cara al oeste. Esta vez visualiza al arcángel Gabriel. Una vez lo hayas hecho, dibuja otro pentagrama y realiza el movimiento penetrante a través de la figura. Finalmente, vuélvete otros noventa grados y visualiza al arcángel Uriel en el norte. Una vez lo consigas, crea un pentagrama final, atraviésalo y vuélvete de nuevo hacia el este.

Esto significa que ahora estás rodeado por completo por los cuatro grandes arcángeles, protegido totalmente. Puedes hacer lo que desees dentro del círculo. Es recomendable hablar con los cuatro y agradecer su ayuda y protección. Podrías invocar a cualquier ángel con el que desees comunicarte y disfrutar de la conversación. También podrías limitarte a rezar o meditar dentro de tu espacio sagrado especial.

Cuando te sientas preparado para cerrar el círculo, vuélvete hacia el este y agradece a Rafael su ayuda y protección. Vuélvete luego hacia el sur y da las gracias a Miguel, y a continuación a Gabriel y a Uriel. Una vez estés listo, sal del círculo.

Me gusta comer y beber algo antes de continuar con mi actividad. Descubrirás que este ritual te da energía ilimitada así como una sensación de paz y protección.

Ritual de la luna

Los seres humanos llevamos miles de años fascinados por los astros y los planetas. En nuestros días esta fascinación mueve a grandes cantidades de personas a observar eclipses solares, la aproximación de cometas y cualquier otro fenómeno ligeramente inusual en el cielo nocturno. La luna en concreto es una fuente interminable de interés con sus fases crecientes y menguantes. No es de extrañar que los magos las aprovechen cuando ejecutan sus rituales. Los sortilegios que pretenden crear abundancia o procurar crecimiento se realizan por lo habitual durante la fase creciente. De igual modo, los sortilegios ideados para eliminar algo o anular aspectos negativos se ejecutan en fase menguante.

A diferencia del sol, la luna solo puede verse gracias a la luz que refleja, no por su propia luz. En consecuencia, se asocia a las emociones, sentimientos e intuiciones; de hecho, se vincula a cualquier cosa que pueda mantenerse oculta y en secreto. Dados sus atributos protectores, se asocia a madres, maestros y otros cuidadores. Ofrece curación interior liberadora de negatividad y otros problemas difíciles de resolver.

Por este motivo, la luna resulta extremadamente útil cuando necesitas consultar a un ángel en particular. Este ritual debería ejecutarse de noche, con la luna visible, o bien sosteniendo algo relacionado con la luna. Como el metal de la luna es la plata, cualquier objeto argentífero puede asociarse a ella; también a piedras de color blanco, como diversas variedades de ópalo o feldespato, berilo claro o blanco, y diamantes. Además, se vincula a materiales procedentes del mar, como las perlas y el coral, o bien del color del mar, como la aguamarina, la variedad azul del berilo.

Los aromas a lavanda y salvia romana se asocian a la luna, por ello puedes emplear estas hierbas en los rituales lunares si te apetece.

Por último, el lunes es el día de la luna y la mejor fecha para realizar este ritual.

Antes de empezar, piensa en tu necesidad de contactar con un ángel en particular. Si implica atraer algo hacia ti, cualquier tipo de incremento o cuestiones relativas a la curación o la fertilidad, deberías desarrollar el ritual cuando la luna está creciente. Si tu necesidad tiene que ver con romper vínculos, terminaciones o con eliminar algo de tu vida, ejecuta este ritual con la luna menguando. Aunque el ritual implique a veces eliminar algo de tu vida, no puedes pedir al ángel que haga algo malicioso o perjudicial para otra persona. Recuerda, tampoco puedes romper los vínculos por completo con un miembro de tu familia. Hay razones kármicas para ello.

Empieza estableciendo un círculo mágico en algún lugar iluminado por la luz de la luna. Coloca una silla en el centro, de cara al astro. (Si la luna no está visible, siéntate dentro de casa y sostén una gema o algo elaborado con plata.) Contempla la luna y respira hondo y despacio varias veces hasta relajar tu cuerpo y mente. Cuando te sientas suficientemente relajado, cierra los ojos y piensa en tu necesidad de contactar con un ángel en particular. En esta fase, podrías realizar el ritual del círculo de protección y rodearte de los cuatro grandes arcángeles. Como alternativa, podrías llamar a Gabriel y solicitar su protección ya que es el arcángel asociado a la luna.

Una vez te sientas seguro y protegido y tomes conciencia de la presencia de Gabriel, pronuncia una breve oración que explique tu necesidad. Invoca al ángel adecuado y pídele que acuda a ti. Podrías notar una sensación parecida a una suave brisa, un leve contacto o un rastro de perfume. Ten paciencia, tu ángel podría tardar varios minutos en aparecer. Cuando lo haga, dale las gracias por acudir en tu auxilio y explica tu problema lo mejor posible. Para acabar, pídele ayuda para resolverlo y espera su respuesta. Sea cual sea la contestación, agradece al ángel haber venido en tu ayuda, pregúntale si puedes llamarle en otra ocasión y despídete. Concéntrate en tu respiración durante unos treinta segundos y luego da las gracias a Gabriel (y a los otros arcángeles si estás haciendo el ritual dentro del círculo de protección). Finalmente, mira la luna y expresa también tu agradecimiento por la asistencia.

Sal del círculo y a continuación come y bebe algo. Yo normalmente tomo un puñado de frutos secos y bebo un vaso de agua.

Comunicación mediante un péndulo

Un péndulo es un pequeño peso sujeto a una longitud de hilo o cadena. Se presenta en una amplia variedad de formas y tamaños que pueden adquirirse fácilmente en tiendas Nueva Era y comercios *online*. Incluso puedes elaborar tu propio péndulo atando una llave, anillo o trozo de cristal a varios centímetros de hilo. Debe ser lo bastante pesado como para mantener el hilo tirante al sostenerlo. Ochenta y cinco gramos es un peso perfecto. Tengo un pequeño colgante con una piedra verde que me hizo un amigo; la llevo en torno al cuello como amuleto protector y la empleo como péndulo cada vez que estoy de viaje y no tengo uno convencional a mano.

Comienza por sostener el péndulo cerca del extremo del hilo, con el peso colgando tres o cinco centímetros por encima de una mesa. Emplea la mano derecha si eres diestro y la izquierda si eres zurdo. Apoya el codo de este brazo en la mesa y sostén el hilo entre el pulgar y el índice. Empieza con un suave balanceo, desplazando el péndulo de lado a lado. A continuación, balancéalo en direcciones diferentes a la vez que lo haces rotar siguiendo el movimiento de las manecillas del reloj y luego en sentido contrario. Experimenta sosteniendo el hilo o la cadena a alturas diferentes para crear una longitud más larga o corta.

Una vez estés familiarizado con los diferentes movimientos, detén el péndulo con la mano que tienes libre. Pregúntale entonces «¿Qué movimiento indica "sí"?» Puedes hacer la pregunta en silencio o en voz alta. Mantén la mano que sostiene el péndulo lo más quieta posible y espera una respuesta. Si no has usado antes el péndulo podría tardar unos minutos en producirse. Permítele moverse hasta que indique una dirección específica. Tal vez se mueva hacia atrás y hacia delante, balanceándose hacia ti y alejándose de ti. Quizá se mueva de lado a lado, o podría describir círculos como las manecillas del reloj o en sentido contrario. No es probable que los movimientos sean notables cuando experimentas esto por primera vez, pero descubrirás que se amplían con la práctica.

Una vez hayas determinado qué movimiento indica «sí», pide que te indique la dirección del «no». A continuación sigue con el «no sé» y el «no quiero responder». Escribe en una nota los diferentes movimientos. Conviene formular estas cuatro preguntas de vez en cuando, sobre todo si no has usado el péndulo durante un tiempo. No sucede a menudo, pero es posible que los movimientos cambien a veces.

Ahora ya puedes consultarle cualquier cosa que desees siempre que se pueda contestar con las cuatro respuestas posibles. Empieza formulando preguntas que luego puedas verificar o bien cuya respuesta ya sepas. Por ejemplo, podrías preguntar, «¿Me llamo (fulanito)?» Si has dicho el nombre correcto, deberías recibir una respuesta afirmativa. Del mismo modo podrías preguntar, «¿Soy un hombre?» Si lo eres, el péndulo debería darte una respuesta afirmativa. Si no, recibirás una respuesta negativa. Después podrías continuar con preguntas sobre tu trabajo, estado civil, número de hijos y demás. El objetivo de estas consultas iniciales es permitir familiarizarte y sentirte cómodo con los movimientos del péndulo.

Sin embargo, no deberías formular preguntas con una implicación emocional. Por ejemplo, si ya tienes tres hijos, estás embarazada de nuevo y deseas una niña, es probable que tu pregunta al péndulo sea «¿Tendré una niña?» En este caso, te dará la respuesta que deseas oír porque tu mente puede invalidar sus movimientos. En situaciones de este tipo, deberías pedir a alguien sin relación con la respuesta que pregunte al péndulo por ti.

Encontrarás sumamente útil el péndulo en tu vida cotidiana. Si pierdes las llaves, por ejemplo, puedes emplearlo para buscarlas. Empieza averiguando si las llaves se encuentran dentro de casa. Si el péndulo responde que sí, consulta, pongamos, si las llaves se encuentran en el salón, y continúa repitiendo preguntas hasta recibir un sí de nuevo. En caso necesario puedes preguntarle sobre diferentes partes de la habitación hasta localizar las llaves.

El péndulo también sirve para comunicarte con los reinos angélicos. Tengo un precioso péndulo de cristal que utilizo solo para la comunicación angelical. El motivo es que los ángeles responden bien al cristal, y no parece lo más adecuado usar el mismo péndulo empleado en cuestiones mundanas para comunicarme con los ángeles. Cualquier cristal funcionará bien en este caso. Mi favorito es la selenita, que es de color blanco traslúcido. Es un cristal protector que tiene un vínculo especial con Gabriel. También dispongo de algunos péndulos con cristales de celestita como peso. La celestita ayuda a recibir mensajes de los ángeles en forma de pensamientos en tu cabeza. Además, poseo varios péndulos elaborados con cuarzo rutilado, conocido comúnmente como «cabello de ángel» pues parece tener mechones de cabello atrapados dentro del cristal. El cristal amplifica tus comunicaciones angelicales, facilitando el envío y recepción de mensajes.

Si lo deseas, puedes pedir a los ángeles que te ayuden cuando utilizas un péndulo de cristal. Lo único que tienes que hacer es preguntar «¿Tengo vuestra bendición para formular mis preguntas a continuación?» Si recibes una respuesta positiva, continúa sabiendo que los ángeles te rodean y facilitan su ayuda y apoyo.

La mayoría de las veces recibirás una respuesta positiva, no obstante, de vez en cuando la contestación a tu petición será negativa. Cuando sucede esto, es preciso revisar con atención las preguntas que ibas a formular para asegurarte de que benefician a todo el mundo implicado. También es posible que los ángeles piensen que serás capaz por ti mismo de descubrir la respuesta, sin necesidad del péndulo. Algunas personas lo emplean a todas horas como una muleta. Yo casi siempre llevo conmigo un péndulo listo para usarlo. Suelo emplearlo solo cuando no consigo encontrar la respuesta de otro modo, por lo tanto suele pasar que no lo use durante varias semanas y que luego lo emplee tres o cuatro días en una misma semana.

Encontrarás muy útil el péndulo para comunicarte con tu ángel de la guarda. Reserva tiempo suficiente para disfrutar de una conversación provechosa. Encuentro útil preparar con antelación una lista de los asuntos que deseo comentar. Prefiero mantener estas conversaciones por la tarde, ya que me gusta tener una vela blanca sobre la mesa y aprovecharla como iluminación. Pregunta al ángel de la guarda si está disponible para una charla. Casi siempre recibirás una respuesta positiva y serás capaz de comunicarte de inmediato mediante el péndulo. Habrá ocasiones en que tu ángel estará ocupado con otras tareas, o tal vez no le parezca el momento adecuado para ti. Suele suceder sobre todo cuando estás enfadado, molesto, ansioso o estresado. Aunque desconozcas el motivo por el cual no está disponible, acéptalo de buen grado e inténtalo más tarde.

Si el ángel de la guarda aún no te ha comunicado su nombre, puedes usar el péndulo para averiguarlo. Lo único que debes hacer es repasar el alfabeto letra por letra preguntando al ángel si por casualidad su nombre empieza por esa letra. Deberás repetirlo tantas veces como sea necesario para determinar el nombre completo.

Una vez establecido el contacto con tu ángel especial, ya puedes preguntarle lo que desees, siempre que formules preguntas que puedan contestarse con «sí», «no», «no sé» y «no quiero responder».

Caminando con un ángel

He dejado para el final mi método favorito para establecer contacto con un ángel. Casi cada día salgo a caminar. Dejo el móvil en casa y disfruto de un rato para pensar al mismo tiempo que hago ejercicio. Aunque parezca que camino a solas, con frecuencia invito a un ángel a andar conmigo. Normalmente se trata de mi ángel de la guarda, pero en ocasiones también pido a otros ángeles que me acompañen.

Empiezo mi caminata del modo habitual. Tras unos cinco minutos, pregunto a un ángel si le gustaría caminar conmigo. Sigo andando, y tras un minuto o dos me percato de que el ángel al que he invocado camina conmigo. No lo veo ni lo oigo, pero noto con intensidad que está a mi lado. Cuando ya soy consciente de su presencia, empiezo a hablar. Como normalmente prefiero andar por calles de las afueras, he descubierto que es mejor hacerlo en silencio que en voz alta. Las respuestas del ángel se presentan como pensamientos en mi mente.

Una de las cosas de las que más disfruto con esta forma de comunicación es que podemos permitirnos charlas informales antes de tratar las preocupaciones que yo pueda tener. No quiero hacer perder el tiempo a mi ángel y nunca contactaría con uno simplemente para charlar. Siempre hay algo que quiero tratar, pero un poco de cháchara inicial sobre temas triviales hace que la conversación parezca una charla entre dos buenos amigos.

Una vez concluida la conversación, doy las gracias al ángel, me despido, y finalizo yo solo la caminata.

Cuando adquieras experiencia en hablar con un ángel de este modo, descubrirás que es posible hacerlo en cualquier lugar, incluso en un centro comercial abarrotado de gente o conduciendo en medio del tráfico en hora punta.

Plumas

Las plumas blancas son una manera tradicional de advertir la presencia angelical. Siempre disfruto al encontrar una pluma blanca ya que me recuerda que estamos rodeados constantemente de ángeles. Además las plumas pueden indicar que los ángeles desean comunicarse contigo. Hace unos veinte años escribí un libro llamado *Spirit Guides & Angels Guardians*. Por entonces no tenía intención de escribir nada más sobre el tema. Sin embargo, la idea de escribir un libro o una serie de libros sobre los grandes arcángeles seguía viniéndome a la cabeza. Yo seguía descartando la idea, pero luego encontré una pluma de ángel, y después otra, hasta tener la impresión de que aparecían plumas blancas allí donde iba. Obviamente era una señal, y supe lo que me comunicaban: era hora de comenzar a escribir mi serie de libros sobre arcángeles.

Si te propones hacer algo pero sigues posponiéndolo una y otra vez, presta atención a las plumas blancas. Cuando sea el momento adecuado para iniciar el proyecto, sea cual fuere, empezarás a ver plumas blancas, y continuarás viéndolas hasta que comiences lo que debas hacer.

Contacto, sonido y fragancia

Los ángeles dan a conocer su presencia de muchas maneras. Tal vez tengas la impresión de que alguien te toca... con tal suavidad que ni siquiera estás seguro de que haya sucedido. Es posible que oigas sonidos preciosos, tan sutiles que sean casi imperceptibles. Tal vez detectes el aroma de un perfume maravilloso con el que no estás familiarizado. Son cosas que pueden suceder en cualquier lugar, cuando te encuentras en una estancia llena de gente o sentado en casa a solas. La mayoría de las veces, te preguntarás si la experiencia ha sucedido de verdad o si la has imaginado. Es muy probable que sea una señal de que un ángel quiere comunicarse contigo.

Es fácil responder si te encuentras solo. Puedes acomodarte en una silla, cerrar los ojos y notificar en silencio a tu ángel que estás preparado para oír lo que deba comunicarte. Si estás acompañado, hay dos cosas que puedes hacer. Cierra los ojos durante un par de segundos y dile al ángel que establecerás contacto en cuanto quedes libre; en este caso, debes procurar quedar disponible lo antes posible. Otra opción es disculparte e ir a un lugar donde estar a solas durante un rato; un cuarto de baño es una buena opción para esto.

Con la práctica, serás capaz de responder en silencio aunque te encuentres acompañado. Hace más de treinta años asistí a una importante reunión de negocios con mi jefe e intentábamos convencer a los directores de una compañía para que compraran una nueva imprenta. Era un acuerdo importante, y cuando percibí un leve contacto en el hombro no me pareció el mejor momento para hablar con mi ángel de la guarda. De inmediato me comuniqué en silencio con él, pues pensé que tendría que tratarse de algo importante si se ponía en contacto en medio de una reunión de ventas. Me explicó que la empresa a la cual intentábamos vender la máquina no podía permitirse la compra, pero que otra empresa, de la que me dio el nombre, lo haría. En silencio le di las gracias e intenté concentrarme de nuevo en la reunión. Cuando nos levantamos al finalizar la reunión, el presidente de la empresa nos dijo que pensarían en nuestra propuesta y nos darían una respuesta. Por supuesto, nunca lo hicieron, pero no importó demasiado porque pudimos vender la imprenta a la corporación que mencionó mi ángel de la guarda.

Comunicación urgente

Seguramente habrá ocasiones en tu vida en que necesites ayuda de un ángel con carácter urgente. Solo me ha sucedido en una ocasión, pero funcionó a las mil maravillas. Muchos años atrás, me reconocieron por la calle miembros de una secta de jóvenes cristianos convertidos que no aprobaban mis intereses o creencias. Empezaron a perseguirme por la principal avenida comercial de mi ciudad aullando e increpándome. Justo cuando pensaba que iban a alcanzarme, invoqué a Miguel y le pedí ayuda. Al instante, el grupo dejó de perseguirme y pude volver a casa, afectado por el incidente pero sano y salvo.

Si alguna vez te encuentras en una situación similar, llama de inmediato al ángel que más convenga. En mi caso, el pánico me dominó de tal manera que solo fui capaz de salir corriendo lo más rápido posible, y tardé un rato en pensar en solicitar asistencia a los ángeles. Puedes invocar a tu ángel de la guarda, a uno de los cuatro arcángeles o a cualquier ángel apropiado para la situación en que te encuentres.

Llama a tu ángel de la manera que desees, en silencio o en voz alta. No recuerdo las palabras que empleé, pero fue algo así: «Miguel, por favor, ayúdame». Un ruego de este tipo surge directamente del corazón y siempre recibe respuesta.

No hagas perder el tiempo a un ángel pidiéndole ayuda urgente si no la precisas, pero contáctale lo antes posible si te encuentres en peligro, sea cual sea la situación.

7

Trabajar con ángeles

Ahora que ya tienes experiencia en comunicarte con los ángeles, avanzaremos un poco más y aprenderemos a trabajar con ellos. Es preciso encontrar un lugar para hacerlo sin interrupciones. Algunas personas tienen la fortuna de disponer de un lugar sagrado en casa donde comunicarse con los ángeles cuando desean. La mayoría de la gente debe crear un espacio temporal para hacerlo. Puede ser cualquier sitio de la casa; hay gente que usa el dormitorio, pues permite cerrar la puerta y disponer al instante de la intimidad necesaria. Si vives solo o si tu pareja es comprensiva, puedes aprovechar cualquier lugar del hogar. Una vez empieces a usar un sitio específico, es mejor seguir haciéndolo, ya que así desarrollarás una atmósfera espiritual especial y reconocible.

Altar angelical

Un altar es un lugar que te permite desarrollar prácticas espirituales y comunicarte con los ángeles, un rincón personal que se convertirá en tu espacio sagrado. Joseph Campbell ofreció una buena descripción del lugar sagrado: un sitio donde se revelan maravillas. Debes escogerlo con cuidado. En un mundo perfecto dispondrías de tu altar en algún lugar de tu casa libre de intermisiones. En un escenario así, sería posible dejar el altar montado de modo permanente. Si vives con más personas y estableces un altar permanente, deberás asegurarte de que no tocan ni cogen nada que hayas colocado en el mismo.

El altar es donde realizas los rituales. Para ello conviene emplear una superficie plana de trabajo. Tal vez decidas aprovechar una parte de la cocina o de la mesa del comedor. También podrías usar la parte superior de una cajonera, de un escritorio o incluso un estante. Mi primer altar fue un cajón de embalaje de madera con la puerta de un antiguo armario encima. Funcionaba a las mil maravillas. En la actualidad aprovecho una mesita de centro que dispone de un cajón lateral, el cual resulta sumamente útil ya que me permite guardar velas adicionales y otros objetos que pueda necesitar.

Un amigo mío que viaja mucho por motivos de trabajo ha creado un altar portátil que monta y desmonta dondequiera que se encuentre. Se compone de dos velas, un cristal de cuarzo y un amuleto envueltos en un pequeño paño. Aprovecha la tela como mantel para establecer el altar y distribuye los demás objetos encima. Puede montar o desmontar el altar en cuestión de segundos, aunque en la práctica le lleva considerablemente más tiempo hacerlo, ya que le gusta palpar y sostener cada uno de los objetos antes de colocarlos en su sitio. Es una práctica que le ayuda a alcanzar el estado mental calmado y apacible necesario antes de iniciar sus prácticas espirituales.

Si construyes un altar al aire libre, intenta encontrar una roca plana apropiada como superficie de trabajo. Si lo consigues, estarás participando en una antigua tradición, ya que los primeros altares eran de roca o piedra. Puedes establecer tu altar al aire libre en un lugar remoto muy alejado de la civilización, pero igualmente sirve ubicarlo en el patio trasero de casa.

Tu altar debería encontrarse dentro de un círculo mágico, dispuesto en el centro, si así lo deseas, o colocado en un extremo, orientado hacia el este. Por supuesto, si se halla en el centro, necesitarás espacio suficiente para moverte a su alrededor. Si lo ubicas en un extremo del círculo, el altar quedará ubicado contra la pared alineada en la dirección correcta.

Para cubrir el altar, utiliza lo que te apetezca; yo tengo un mantel blanco que funciona bien. Conozco varias personas a las que les gusta usar tejidos especiales para cubrirlos. Un amigo adquirió varios manteles en una casa de artículos litúrgicos y no quiere usar nada más. Puedes comprar manteles de este tipo *online*, de tamaños y diseños variados. (También es posible comprar altares *online*.)

Una vez hayas montado el altar, coloca sobre él cualquier cosa que desees. Yo siempre uso velas y por lo general dejo un cuenco con flores a un lado. Pongo también una pequeña roca que me dio una de mis nietas, y normalmente dispongo por encima algunos cristales. Añado otros objetos como pluma y papel, de ser necesarios para el ritual. Además dejo una jarra de agua a un lado del altar. Esto es solo una medida de precaución ya que utilizo velas y siempre existe la posibilidad de que algo prenda fuego de modo accidental.

Es importante que el altar te resulte agradable en términos estéticos, por lo tanto puedes añadir cualquier cosa que haga su aspecto más atractivo. Todo lo que incorpores acumulará gradualmente energía espiritual, en ocasiones tan fuerte que otras personas podrán percibirla.

A mucha gente les gusta cargar el lugar sagrado de energía antes de usarlo. Hay quien quema incienso, hace sonar campanas o toca percusión. Algunas personas emplean ramilletes de hierbas para quemar (disponibles en tiendas Nueva Era) y purifican la zona antes de usarla. A mí me gusta pronunciar una oración antes de utilizar el altar. Este proceso, además de dotar de energía al lugar sagrado, permite dejar atrás las preocupaciones cotidianas y entrar en un estado mental apacible y meditativo.

Rituales angelicales

Un ritual es una serie de acciones fijas que se ejecutan en un orden determinado. Todos realizamos a diario unos cuantos rituales personales. Por ejemplo, al despertarte por la mañana seguramente saldrás de la cama de una manera concreta y ejecutarás una serie de acciones idénticas a las que hiciste la víspera y los días anteriores. Si es así, estás ejecutando un ritual. Esta clase de rituales facilitan la vida, ya que sigues unas pautas regulares para hacer ciertas tareas. Los rituales de este tipo se hacen de modo automático sin prestarles mucha atención o de manera inconsciente.

Las ceremonias de fin de curso y entrega de títulos son rituales, igual que muchas ceremonias religiosas. Las bodas, bautizos y funerales lo son también. Hay rituales de cortejo que deben seguirse. Los cristianos celebran el ritual de la Eucaristía, en el que se come pan y se bebe vino como símbolos del cuerpo y la sangre de Jesucristo. Todas las religiones cuentan con rituales particulares que ayudan a que los fieles estén en íntima comunicación con Dios. En el pasado se celebraban sacrificios rituales para aplacar a los dioses. También existen algunos que sirven para invocar a los ángeles.

Participé por primera vez en un ritual organizado a los diez u once años de edad mientras me encontraba en el campamento de *boy scouts*. Una noche estábamos sentados alrededor de la hoguera después de cenar y nuestro líder preguntó si nos apetecía hacer algo para mejorar nuestras vidas de modo espectacular. Como es natural, todos respondimos que sí. Repartió unas tarjetas y lápices y nos pidió que anotáramos algo que quisiéramos cambiar en nuestras vidas. También nos ofreció algunos ejemplos. Si éramos impacientes, explicó, podíamos escribir que querríamos ser más pacientes a partir de este momento. Si éramos celosos, escribíamos que nos desagradaba este rasgo de nuestro carácter y desearíamos eliminarlo de nuestras vidas. También dijo que no permitiéramos a nadie ver lo que habíamos escrito. Nos dio varios minutos para anotar nuestras apreciaciones. Al acabar, pidió que nos levantáramos y diéramos siete vueltas alrededor del fuego pensando en los cambios deseados en nuestras vidas. Tras esto, pronunció una breve oración y todos tiramos al fuego las tarjetas escritas. «Mirad el humo —dijo—. Se lleva todas las cosas que os entorpecen. Despedíos de los viejos miedos y hábitos.»

Tardé varios años en comprender que había participado en un ritual, pero aún soy capaz de visualizar toda la experiencia como si hubiera sucedido ayer. Celebrar rituales es un buen modo de ponerse en contacto con los ángeles.

Ritual para cuando necesitas ayuda

La vida no es fácil, todo el mundo necesita ayuda de vez en cuando. Este ritual te resultará útil cada vez que precises asistencia especial del reino angélico. Aunque tus ángeles siempre están dispuestos a ayudar, deberías hacer primero el esfuerzo de encontrar asistencia por ti mismo. Con frecuencia descubrirás que puedes resolver un problema sin solicitar ayuda adicional. Deberías recurrir a los ángeles solo cuando no seas capaz de resolver el problema tú solo.

1. El mejor lugar para realizar este ritual es el interior de tu círculo mágico, delante de tu altar. Si no fuera posible, encuentra un sitio donde puedas relajarte a solas, sin que te molesten.

2. Siéntate, cierra los ojos y respira hondo y despacio varias veces. Deja que los músculos del cuerpo se relajen.

3. Cuando te encuentres del todo relajado, piensa en tu problema o preocupación.

4. Mentalmente o en voz alta explica este problema a tu ángel de la guarda o al ángel que hayas escogido, y lo que hayas hecho para intentar resolverlo.

5. Pide ayuda.

6. Permanece sentado tranquilamente al menos durante un minuto para ver qué te viene a la mente. Tal vez notes algo como, por ejemplo, una sensación de paz o bienestar. Es posible que oigas una voz o voces cuando los ángeles se comuniquen contigo. Presta atención y espera a que tales voces cesen para plantear tus preguntas.

7. Una vez hayas recibido todo el consuelo e información necesarios, da las gracias a tu ángel de la guarda y a cualquier otro ángel implicado. Despídete y concéntrate de nuevo en tu respiración durante un par de minutos.

8. Cuando estés listo, expresa tu agradecimiento una última vez, cuenta lentamente de uno a cinco y abre los ojos.

Ritual de curación

Los ángeles te quieren ver sano y en forma, y harán todo lo posible para procurar tu recuperación. Por otro lado, cuando alguien muere suelen verse ángeles en muchos casos, ofreciendo su amor y apoyo mientras el alma deja este mundo. Por consiguiente, en función del destino de la persona, los ángeles pueden ayudar a la gente a recuperar la buena salud o bien guiar al alma hasta el cielo tras el fallecimiento. El siguiente ritual sirve para tu propia curación y también para sanar a amigos, seres queridos, mascotas y a la humanidad en su conjunto.

Necesitarás un cristal o algún objeto que puedas imbuir de energía. También necesitarás una vela blanca. Adicionalmente, coloca cualquier cosa que desees sobre el altar, como, por ejemplo, una fotografía de la persona a la que quieras curar o un pequeño objeto que le pertenezca. No importa lo que utilices siempre que guarde relación con el ritual. En ocasiones coloco varias velas blancas en el altar. En función de cómo me sienta, tal vez permanezca en pie durante todo el ritual o me siente en una silla de cara al altar.

1. Prepara el altar y el círculo mágico. Si es posible, báñate y ponte ropa limpia, fresca y holgada.

2. Sitúate fuera del círculo sosteniendo la vela blanca con ambas manos. Respira hondo y exhala lentamente, luego entra en el círculo. Coloca la vela en el centro del altar y enciéndela. Si vas a utilizar velas adicionales, enciéndelas también.

3. Crea el círculo de protección (consulta el capítulo 6) para rodearte de los cuatro grandes arcángeles.

4. Siéntate si quieres. Sostén el cristal entre tus manos ahuecadas. Contempla la vela central en el altar hasta que notes que se te cansa la vista. Cierra los ojos y concéntrate en tu respiración. Mientras inspiras, visualízate llenando tu cuerpo de luz blanca pura y sanadora. Es la luz que generaste mientras creabas el círculo de protección.

5. Suelta aire con vigor. Al hacerlo visualiza abandonando tu cuerpo la energía negativa y enfermedad acumuladas. Reemplaza esta negatividad por luz blanca.

6. Repite los pasos 4 y 5 las veces que creas necesarias.

7. Pide a tu ángel de la guarda que llene tu cuerpo de energía curativa. Si una parte específica necesita sanarse, visualiza a tu ángel enviando energía curativa directamente al área aquejada.

8. Permanece quieto durante un minuto o dos, visualizando a tu ángel de la guarda que te llena de energía curativa.

9. Visualiza la energía curativa mientras es absorbida por el cristal. Cuando sea el momento oportuno, rodea el cristal con las manos.

10. Da las gracias al ángel de la guarda por ayudarte.

11. Permite que la luz blanca pura se desvanezca y desaparezca de tu cuerpo y del círculo mágico.

12. Cuenta despacio de uno a cinco y abre los ojos. Tómate unos momentos para regresar a tu vida cotidiana. Cuando estés listo, estírate y levántate. Apaga la vela o velas y reanuda la jornada. Mantén el cristal cerca, posiblemente en un bolsillo o monedero. Cada vez que te acuerdes, rodéalo con la mano y visualiza la energía curativa que el cristal ha absorbido, fluyendo al exterior para ser transportada por tu ángel de la guarda a la persona, animal o planta que la necesite.

Va bien comer y beber algo después de realizar este ritual, ya que ayuda a afianzarse de nuevo. No necesitarás toda una comida; yo normalmente tomo unos pocos frutos secos, pasas y un vaso de agua.

Si el ritual lo celebras para otra persona, visualízala y envíale energía mentalmente. También puedes pedir a tu ángel que transmita tu cariño y energía curativa al ángel de la guarda de tu amigo, con la confianza de que así lo hará.

Si el ritual lo celebras para el conjunto de la humanidad, pide a Miguel, Rafael, Gabriel y Uriel que esparzan la energía curativa por todo el mundo.

Si es necesario puedes pedir a tu ángel de la guarda que envíe energía sanadora a tu mascota e incluso a las plantas de tu jardín. Visualiza a tu animal o planta y «ve» con tu ojo interno al ángel de la guarda transmitiendo tu amor y energía sanadora.

Este ejercicio lo puedes practicar con el ángel que quieras. Hay unos cuantos ángeles sanadores que ayudarán de buen grado si se lo pides.

Existen otras maneras de solicitar ayuda para sanar a los demás. Mi abuela, cada vez que pasaba junto a un hospital, rogaba por los pacientes que se encontraban en su interior. Yo aún era un niño y nunca pensé en preguntar qué estaba haciendo exactamente. Por tanto no tengo idea si con sus oraciones invitaba a los ángeles a velar por el bienestar de los enfermos. Creo que ya había cumplido treinta años cuando decidí poner a prueba la idea de mi abuela. Desde entonces siempre envío una oración a mi ángel de la guarda solicitándole que transmita la sanación a los ángeles personales de los pacientes. Además elevo una oración y amor al arquitecto del universo, y expreso mi gratitud por todas las bendiciones que recibimos en nuestra vida cotidiana.

Cada vez que fallece alguien conocido, mando un mensaje a mis ángeles pidiéndoles que acompañen el alma de esta persona hasta el cielo.

Chakras y sus rituales

Somos mucho más que nuestro cuerpo físico. En todos nosotros hay un campo energético casi invisible llamado aura que envuelve los cuerpos de todos los seres vivos. Ursula Roberts, la famosa médium, llamó al aura «un campo magnético de vibración que envuelve a cada persona, del mismo modo que la luz rodea una vela encendida o el perfume rodea una flor» (Roberts, 1950, p. 1). El aura se representa con frecuencia en la pintura religiosa como un halo en torno a la cabeza y hombros de los santos y ángeles. Se extiende en todas las direcciones del cuerpo entre sesenta centímetros y un metro. De hecho, ya que forma parte de cada célula, el aura es en realidad una extensión del cuerpo mismo en vez de algo que lo rodea.

Dentro del aura hay cierta cantidad de centros de energía conocidos como chakras. La palabra *chakra* procede del término sánscrito utilizado para «rueda». Los chakras se perciben o sienten por lo general como discos de energía, los cuales absorben las energías superiores, inclusive la fuerza vital universal, y las transforman para que el cuerpo humano las aproveche. Desempeñan un papel primordial en la salud física, mental y emocional. Podrían considerarse poderosas baterías que cargan de energía todo el organismo. Hay muchos chakras en el cuerpo, pero los siete más importantes se ubican en el área de la columna, repartidos entre el coxis y la cabeza.

Los siete chakras

Chakra raíz
Color: Rojo
Elemento: Tierra
Función: Supervivencia
Glándulas: Suprarrenales
Sentido: Olfato
Deseos: Contacto físico
Reto: Pensar antes de actuar
Palabra clave: Físico
Ángeles: Arcángeles Uriel y Sandalfón

El chakra raíz se sitúa en la base de la columna, en el área del coxis. Nos mantiene firmemente afianzados en la tierra. Proporciona sensación de seguridad y autoconservación, y aporta energía, vitalidad, valor, fuerza y persistencia. Este chakra se asocia a la supervivencia y la fuerza vital.

El chakra raíz rige las partes sólidas del cuerpo, como huesos, dientes y uñas. Un chakra raíz poco estimulado crea sensaciones de miedo y nerviosismo, que con frecuencia derivan en problemas de digestión.

Chakra sacro
Color: Naranja
Elemento: Agua

Función: Sexualidad, placer, creatividad
Glándulas: Ovarios, testículos
Sentido: Sabor
Deseos: Respeto y aceptación
Reto: Amar y servir a los demás
Palabra clave: Sociabilidad
Ángeles: Arcángeles Gabriel y Chamuel

El chakra sacro se sitúa en el bajo abdomen, aproximadamente cinco centímetros por debajo del ombligo. Dado que está relacionado con el elemento agua, afecta a los fluidos corporales y sus funciones. Este chakra aporta esperanza y optimismo a nivel emocional. Las emociones negativas, como la rabia y el resentimiento, pueden reducir la estimulación de este chakra, provocando artritis, disfunción sexual, problemas de próstata, útero, riñón y vejiga, problemas en la espalda inferior y pérdida de poder personal.

Chakra del plexo solar
Color: Amarillo
Elemento: Fuego
Función: Voluntad, poder personal
Glándulas: Páncreas
Sentido: Vista
Deseos: Comprender
Reto: Comunicarse eficazmente con los seres queridos
Palabra clave: Intelecto
Ángeles: Arcángeles Jofiel, Uriel y Miguel

El chakra del plexo solar se sitúa entre el ombligo y el esternón. Aporta poder personal, cordialidad, seguridad, felicidad, autoestima y una sensación de bienestar físico. Si no está suficientemente estimulado puede provocar úlceras y problemas de hígado, páncreas, vesícula, así como problemas digestivos y estomacales.

Chakra del corazón
Color: Verde
Elemento: Aire
Función: Amor
Glándulas: Timo
Sentido: Tacto
Deseos: Amar y ser amado
Reto: Ganar confianza
Palabra clave: Emociones
Ángeles: Arcángeles Rafael y Chamuel

El chakra del corazón se sitúa en el centro del pecho, cerca del corazón. No es de extrañar que este chakra se asocie al amor, la armonía, el entendimiento y la curación. Mejora el respeto y la aceptación de uno mismo y los demás. Cuando no se estimula suficientemente, el chakra del corazón puede provocar miedo, tensión, dolores de cabeza y una sensación de autocompasión. También puede ocasionar problemas de corazón, pulmón, glándula timo y sistema inmunológico.

Chakra de la garganta
Color: Azul
Cuadruplicidad: Fija
Función: Comunicación y creatividad
Glándulas: Tiroide y paratiroide
Sentido: Oído
Deseos: Paz interior
Reto: Correr riesgos
Palabra clave: Conceptos
Ángel: Arcángel Miguel

El chakra de la garganta se sitúa a la altura de la garganta. Es el chakra de la comunicación y la autoexpresión. Desde el punto de vista emocional, el chakra de la garganta favorece el amor, el idealismo y el entendimiento. Si no se estimula adecuadamente, puede acarrear problemas de tiroides, mandíbula, cuello y hombro.

Chakra de la frente
Color: Añil
Cuadruplicidad: Mutable
Función: Intuición, pensamiento y percepción
Glándulas: Pituitaria
Deseos: Estar en armonía con el universo
Reto: Hacer realidad los sueños de uno
Palabra clave: Intuición
Ángeles: Arcángeles Raziel, Gabriel y Jofiel

El chakra de la frente se sitúa justo encima de las cejas. Rige la mente y, además, nos ayuda a tomar conciencia de nuestra naturaleza espiritual esencial. Dado que está relacionado con los mundos espirituales y psíquicos, a menudo se refiere a él como «el ojo interno» o «tercer ojo». Cuando el chakra de la frente no se estimula convenientemente, crea tensión y dolores de cabeza, insomnio, ciática, asma y dolencias pulmonares. También puede afectar a la vista y a la glándula pituitaria.

Chakra de la corona
Color: Violeta
Cuadruplicidad: Cardinal
Función: Unión con lo divino
Glándulas: Pineal
Deseos: Entendimiento universal
Reto: Crecer en conocimiento y sabiduría
Palabra clave: Espiritualidad
Ángel: Arcángel Zadkiel

Este chakra se sitúa en la coronilla, en lo alto de la cabeza. A menudo figura como un halo en los cuadros que representan a personas desarrolladas espiritualmente. Este chakra equilibra y armoniza diferentes facetas de nuestra naturaleza. Si se estimula en exceso provoca migrañas. Cuando no se estimula convenientemente, crea inflamación, dolencias cardiacas, problemas de vista, sentimientos de inutilidad y depresión.

Ritual para la sanación de los chakras

Este ritual te permitirá estimular cualquier chakra que esté desequilibrado. El único requisito esencial es un péndulo. Puedes hacer el ritual en cualquier lugar y a cualquier hora del día. Me gusta practicarlo dentro de mi círculo de protección, delante del altar. Normalmente pongo una vela blanca como mínimo. Cuando es posible, enciendo velas variadas, relacionadas con el color de cada chakra, listas para usarlas cuando haga falta. Por lo general, me doy un baño o una ducha y luego me pongo ropa limpia y holgada antes de iniciar el ritual.

1. Coloca el péndulo y la vela blanca en el centro del altar. Crea el círculo de protección.

2. Enciende la vela y contempla la llama mientras piensas en tu necesidad de sanarte (o la necesidad de otra persona).

3. Cuando estés listo, sostén el péndulo y pídele que te indique los movimientos correspondientes a las respuestas sí, no, «no sé», y «no quiero contestar». Hazlo aunque ya conozcas las respuestas habituales de tu péndulo. Dado que los movimientos pueden cambiar en ocasiones, es buena idea comprobar las respuestas de vez en cuando.

4. Pregunta al péndulo si tu chakra raíz está bien alineado. Si la respuesta es sí, puedes hacer la misma pregunta acerca del chakra sacro, y seguir ascendiendo gradualmente por la colum-

na si las respuestas continúan siendo positivas. Cuando el péndulo te dé una contestación negativa, haz todas las preguntas necesarias para determinar cuál es el problema.

5. Llama a un ángel que trabaje con el chakra específico que no está alineado y pídele que restablezca el equilibrio por ti. Mientras lo hace, mueve el péndulo intencionadamente siguiendo el movimiento correspondiente al «sí». Una vez transcurrido un minuto, deja de mover el péndulo y pregunta al arcángel si está resuelto el problema. La respuesta la oirás como una vocecita calmada en tu mente. Podrías incluso notar la sensación de que el problema está resuelto. Si tienes alguna duda acerca de la respuesta, pide al arcángel que te conteste mediante el péndulo. Sostenlo y espera a que te dé una respuesta. Tal vez sea preciso repetir unas cuantas veces esta operación hasta que el chakra esté bien alineado. Para finalizar, da las gracias al arcángel que haya equilibrado el chakra por su amor y voluntad de colaborar.

6. Repite el proceso con el siguiente chakra y continúa haciéndolo hasta que recibas una respuesta positiva para el de la corona.

7. Ahora todos los chakras están bien alineados. Si empleas velas de colores, enciende las que vayan asociadas a los chakras mal alineados. Siéntate y obsérvalas durante unos minutos.

8. Respira hondo y despacio tres veces y confirma el éxito del ritual preguntando al péndulo «¿Están todos mis chakras bien alineados?»

9. En casi todos los casos recibirás una respuesta positiva. Si no, regresa al paso 4 y repite el ritual.

ÁNGELES PARA PRINCIPIANTES

10. Una vez hayas recibido una respuesta positiva a tu pregunta, relájate un par de minutos y luego cuenta despacio hasta cinco. Levántate, apaga las velas y sal del círculo.

Ritual de respiración de energía de colores

También puedes aprovechar los siete chakras y sus arcángeles para realizar un ejercicio de respiración de energía de colores y mejorar tu sensación de felicidad y bienestar. Este ritual resulta útil cada vez que te sientas agotado y falto de energía. Como siempre, cuando sea posible toma un baño o ducha y ponte ropa limpia y holgada antes de empezar.

1. Crea el círculo de protección.

2. Siéntate en posición cómoda, cierra los ojos y respira hondo y despacio cinco veces. Con cada respiración, repite tu propósito de relajarte.

3. Una vez estés relajado por completo, llama al arcángel Uriel y pídele que te envuelva de pura energía roja.

4. Cuando te sientas totalmente envuelto en rojo, respira tres veces lenta y profundamente, inspirando por la nariz y exhalando por la boca. Contén cada respiración durante uno o dos segundos antes de exhalar. Visualízate inhalando la energía roja con cada respiración.

5. Repite los pasos 3 y 4, invocando al arcángel Gabriel y la energía naranja pura.

6. Repite los pasos 3 y 4 con Jofiel, Rafael, Miguel, Raziel y Zadkiel, y los colores amarillo, verde, azul, añil y violeta, respectivamente.

7. Completa el ejercicio pidiendo a todos los arcángeles que te llenen de luz blanca pura y sanadora. Relájate todo el rato que quieras dentro de la luz, completamente rodeado interna y externamente.

8. Cuando estés listo, respira cinco veces lenta y profundamente, abre los ojos y levántate.

Ritual para sucesos tristes y trágicos

Cada vez que vemos los noticiarios televisivos o leemos el periódico, nos enteramos de sucesos tristes y trágicos acaecidos en todo el mundo, desde casos de violencia doméstica hasta guerras internacionales con miles de personas implicadas. Quizá las informaciones tengan que ver con algún desastre natural, como inundaciones o terremotos. Tanto da si atañe a personas conocidas o a totales desconocidos en cualquier rincón del mundo, sean cuales sean las malas noticias, puedes dedicar unos momentos a pedir a tus ángeles que envíen amor, luz y sanación a todos los afectados por la situación.

Quizá se dé el caso de que apoyes a un bando en concreto en un conflicto o desacuerdo. Como es natural querrás que tus ángeles envíen energía amorosa a la gente que apoyas. No obstante, deberías mandar también el mismo amor y sanación a la gente del bando contrario. Además, podrías enviar una energía amorosa especial a todas las personas inocentes que sencillamente intentan vivir su vida pero que, sin culpa ni responsabilidad, se ven atrapados en el conflicto.

Recientemente leí un informe en el diario sobre un juicio por asesinato. La madre de la víctima adolescente se puso en pie ante el tribunal y declaró que perdonaba a la persona que había matado a su hijo. No creo que demasiada gente sea capaz de perdonar al autor de un crimen que ha puesto fin a la vida de un miembro cercano de tu familia. Además de perdonar al asesino, la mujer se estaba haciendo un regalo inestimable a sí misma. En vez de guardar odio y animadversión en su corazón, se concedía la libertad de continuar con su vida y entregar amor y atención a las demás personas que quiere y aprecia. No tengo idea si recurrió a algún ser celestial para tomar esta decisión, pero una manera de conseguirlo sería pedir a los ángeles que enviaran amor y luz a todo el mundo implicado en una situación tan trágica.

También puedes pedir a tus ángeles que manden amor y luz cada vez que tengas constancia de una tragedia o desastre. Solo debes cerrar los ojos durante unos segundos y solicitar su asistencia. Si lo prefieres puedes realizar un ritual para cada situación específica. He aquí un ejemplo: supongamos que se trata de un conflicto con dos familias vecinas enfrentadas por una disputa. En lo que al ritual respecta no importa si el problema es relevante o banal.

Para prepararte, toma un baño o ducha y ponte ropa limpia y holgada. Coloca una vela blanca en el centro del altar y crea el círculo de protección.

1. Enciende la vela. Siéntate ante la misma y obsérvala hasta que se te canse la vista. Cierra los ojos.

2. Piensa en tus seres queridos que se han visto involucrados en esta disputa. Visualízalos con toda la claridad posible. Recuerda alguno de los momentos felices que has pasado con ellos.

3. Una vez lo hayas hecho, llama a tu ángel de la guarda y pídele que les envíe paz y amor. Visualiza cómo sucede, «contempla» las expresiones en los rostros de todos al percatarse de esta nueva energía.

4. Piensa en la gente del otro bando de la desavenencia. Visualízalos también con el máximo de claridad. Si experimentaste momentos felices con ellos antes de que el problema aflorara, revívelos en tu mente. Si no das con nada en que pensar, visua-

liza a estas personas disfrutando de cierta actividad juntas. Contémplalas riendo y disfrutando de la vida.

5. Pide a tu ángel de la guarda que envíe su amor y luz. Visualiza cómo sucede y alégrate al «ver» a tus vecinos experimentando esta energía amorosa.

6. Imagina una escena en el futuro próximo que implique a ambas familias, la tuya y la familia con la que surgió el problema. Podría tratarse de una comida en común o alguna otra actividad. No importa lo que sea, siempre que visualices un momento en que todo el mundo está contento y en paz de nuevo los unos con los otros. Disfruta de esta escena todo el rato que puedas.

7. Pide a tu ángel de la guarda que te llene de amor y luz. Agradécele todas las bendiciones que has recibido en la vida, consciente en tu fuero interno de que tu ángel personal va a ayudarte a resolver la situación.

8. Permite que la luz blanca desaparezca paulatinamente.

9. Permanece un rato sentado, disfrutando del bienestar y seguridad que proporciona el círculo de protección. Cuando estés listo, cuenta de uno a cinco, abre los ojos, estírate y continúa con tu jornada.

He aprovechado aposta un suceso de poca importancia para ilustrar este ritual. Supongamos que quieres ponerlo en práctica con una situación importante, tal vez un conflicto bélico en el que muere gente inocente durante bombardeos y ataques aéreos. Lo primero que probablemente te vendrá a la mente es la situación atroz y todas las tragedias individuales que se vivirán a diario en la zona de guerra. En tales circunstancias, es preciso concentrarse en lo positivo en vez de lo negativo. Durante tu ritual pide a los ángeles que envíen amor, luz y sanación a todos los implicados en la guerra. Esto incluye a las tropas de ambos bandos, además de la gente inocente atrapada en la contienda sin culpa alguna. Visualiza esta energía curativa envolviendo todo el campo de batalla y las personas implicadas. Continúa desarrollando el ritual con regularidad hasta que se restablezca la paz.

Con frecuencia me preguntan qué hay que hacer si la persona que lidera una de las facciones es un tirano que desprecia a los individuos y está dispuesto a todo por ganar. La respuesta es que por muy perverso que sea el déspota, deberás pedir a tus ángeles que le envíen su amor y luz.

Si el motivo de que realices el ritual es un desastre natural, pide a tus ángeles que envíen amor, luz y sanación a todos aquellos atrapados en la tragedia. Solicítales que guíen las almas de los fallecidos hacia la luz, del modo más rápido y seguro posible.

Meditación con los colores de los arcángeles

A todos nos han dicho en algún momento lo bien que nos sienta cierto color. La razón es que todas las personas tienen un tono que destaca en ellas. Si te hacen cumplidos cada vez que llevas algo de tu color favorito, probablemente este sea el mejor color para nuestro siguiente ejercicio de meditación.

Si no te viene a la cabeza ningún color, recurre a la numerología para determinar el color correcto basándote en tu fecha de nacimiento. Se hace reduciendo la fecha completa de nacimiento a un número que luego convertiremos en un color. He aquí un ejemplo de alguien nacido el 12 de julio de 1973: 12 (día) + 7 (mes) + 1973 (año) = 1992. Esta cifra luego se reduce a un solo dígito: $1 + 9 + 9 + 2 = 21$, y $2 + 1 = 3$.

Hay dos excepciones. Si tus números suman 11 o 22 en algún momento del proceso de reducción de la cifra deberías detenerte en vez de transformarlo en un solo dígito. En numerología los números 11 y 22 se llaman números maestros. He aquí un ejemplo de alguien nacido el 2 de noviembre de 1996: 2 (día) + 11 (mes) + 1996 (año) = 2009, y 2 + 0 + 0 + 9 = 11.

A veces es posible perder los números 11 o 22; en esos casos en vez de reducir la fecha de nacimiento, hacemos una suma con sus dígitos. Si sumas todos los números incluidos en la fecha 29 de febrero de 1944 seguidos, obtendrás el número 4: 2 + 9 (día) + 2 (mes) + 1 + 9 + 4 + 4 = 4. No obstante, si reduces toda la fecha, descubrirás que obtienes el número 22.

En numerología la cifra que has obtenido reduciendo la fecha de nacimiento a un solo dígito (o un 11 o 22) se llama número de tu trayectoria vital. Cada número se asocia a un color:

1: Rojo
2: Naranja
3: Amarillo
4: Verde
5: Azul
6: Añil
7: Violeta
8: Rosa
9: Bronce
11: Plata
22: Oro

Ahora que ya has descubierto qué color te corresponde, podemos continuar con la meditación.

1. Haz los preparativos habituales y crea el círculo de protección.

2. Ponte cómodo en tu asiento, cierra los ojos y relájate.

3. Tienes dos opciones en esta fase: imaginarte rodeado por completo de tu color o bien visualizarte caminando a través de un arco iris hasta alcanzar tu color. Es obvio que no podrás elegir la segunda opción si se trata de rosa, bronce, plata u oro.

4. Imagina que te has convertido en este color.

5. Una vez puedas «contemplar» esto mentalmente, visualiza tu color creciendo gradualmente hasta llenar por completo la habitación en la que te encuentras. Sigue esta pauta y visualízalo llenando por completo el edificio en el que te hallas, a continuación la calle, la manzana, la región, el país, el mundo y, para acabar, el universo.

6. Percibe la presencia del arcángel con el que quieres contactar. La notarás cuando se acerque a ti.

7. Mantén los ojos cerrados, pero visualiza al arcángel con toda la claridad posible.

8. Cuando estés listo, empieza a hablar. Explica al arcángel cómo te va la vida, tanto las cosas positivas como las negativas. Cuéntale tus esperanzas, sueños y planes. Te sentirás igual que si hablaras a tu mejor amigo, por lo tanto puedes tratar cualquier tema que te apetezca. Plantea todas las preguntas que quieras. Puedes recibir respuestas inmediatas o no obtenerlas. No hay por qué preocuparse si las respuestas no llegan al instante. Las recibirás en los próximos días, posiblemente a través de sueños o pensamientos repentinos que surjan en tu mente.

9. Cuando te parezca que la conversación ha concluido, da las gracias al arcángel. Percibirás su presencia desvaneciéndose

paulatinamente, y te sentirás rodeado y bañado por completo de tu color. Visualiza la energía sanadora del mismo cubriendo todo el universo. Tómate el tiempo necesario.

10. Cuando estés listo, agradece a la fuerza vital universal que haya propagado su amor y bondad.

11. Mantén los ojos cerrados el tiempo suficiente hasta que tu color especial se desvanezca. Cuenta despacio hasta cinco y abre los ojos.

Todas las personas que han realizado esta meditación experimentan una sensación de profunda felicidad y bienestar tras el ejercicio. Es una experiencia espiritual y mística que se llevará todas tus preocupaciones y problemas, permitiéndote enviar energía sanadora a toda la humanidad así como ver el mundo con otros ojos.

Cristales y gemas

Los seres humanos llevan miles de años admirando y apreciando las gemas. En la Biblia hay varias referencias a cristales. Las doce piedras del peto de Aarón son un buen ejemplo (Éxodo 28:15-21). William Shakespeare mencionó piedras preciosas en muchas de sus obras y sonetos. A lo largo de siglos las gemas se han relacionado con los reinos angélicos. Ahora que has averiguado tu color basándote en tu fecha de nacimiento, puedes escoger una gema que armonice contigo y te ayude a mantener una conexión todavía más íntima con tus ángeles.

Hay varias maneras de escoger un cristal. Tal vez desees visitar una tienda en la que los vendan y dejar que la intuición te atraiga hacia la piedra perfecta para ti. Otra opción es investigar un poco primero y elegir un cristal en función de sus propiedades y tus necesidades concretas. Finalmente, puedes escoger una piedra por su color. He aquí algunas piedras que están relacionadas con colores.

Rojo: Coral, rubí, granate rojo, rodonita y cuarzo rosa
Naranja: Cornalina, calcita naranja y piedra de sol
Amarillo: Ámbar, berilo amarillo, citrino, zafiro amarillo y topacio
Verde: Aventurina, crisoprasa, esmeralda, malaquita y turmalina verde
Azul: Aguamarina, ágata de cinta azul, azurita, lapislázuli y sodalita
Añil: Iolita y sodalita añil
Violeta: Amatista, fluorita púrpura y rodalita
Rosa: Turmalina rosa
Bronce: Broncita, ojo de tigre y topacio bronce
Plata: Ágata, ópalo y perla
Oro: Ojo de tigre dorado y topacio

Una vez escoges una gema, debes cuidarla. No permitas que nadie más la toque, pues no te interesa que le afecten las vibraciones de otras personas. Antes de emplear tu gema, es preciso limpiarla y eliminar cualquier negatividad que pueda haber captado antes de llegar a tus manos. Puedes hacerlo de diversas maneras, como dejarla al aire libre durante la noche y permitir que los rayos de luna la limpien. Otros métodos serían enterrarla durante la noche o lavarla con agua, preferible si es mineral o destilada. Incluso podrías emplear un ramillete de hierbas para quemar, aunque en la práctica yo solo lo hago si voy a limpiar varias gemas de una vez.

Cuando la tengas lavada, el siguiente paso es cargarla de energía angelical. Sostén el cristal en una mano a la altura de los ojos. Contémplalo durante unos segundos y luego comunica a la gema que va a ser utilizada para acercarte aún más a los reinos angélicos. Pregúntale si le apetece ayudarte. Espera a que dé una respuesta, la percibirás con la sutil sensación de saber que ha accedido a colaborar. Podrías incluso oír una vocecilla diciendo que sí. Lo más probable es que sientas cierta excitación, por saber que la gema va a ayudarte. Expresa tu agradecimiento y sostén la gema contra el chakra de la frente (tercer ojo). Invita a tu ángel de la guarda a activar la gema por ti. Da las gracias al ángel y envuélvela en algodón y seda. Llévala siempre contigo, y cada vez que tengas la necesidad de establecer contacto angelical, sostenla en la palma de la mano, sin apretar. Si lo deseas, puedes llevarla en el bolsillo y acariciarla cuando te venga de gusto. Esto te recordará que estás constantemente protegido por la energía de los ángeles.

8

Apariciones de ángeles

A lo largo de la historia ha habido personas que han narrado sus experiencias con los ángeles. Entre las más famosas encontramos a Juana de Arco, san Francisco de Asís, George Washington, Joseph Smith, Charles Lindbergh y san Juan Bosco.

Juana de Arco

Juana de Arco, la patriota y mártir francesa, opuso resistencia a los ingleses durante la guerra de los Cien Años. Con trece años de edad oyó una voz acompañada de un estallido de luz blanca. La voz sonaba cerca, como si alguien le hablara al oído. Se percató de que era el arcángel Miguel, y le comunicaba que iba a recibir enseñanzas de santa Margarita y santa Catalina. No deja de ser interesante que ambas fueran santas que sufrieron el martirio y, en su momento, Juana de Arco correría la misma suerte. Las voces la guiaron durante cuatro años de enseñanzas, hasta que el arcángel Miguel encomendó a Juana la tarea de rescatar Francia del dominio inglés. El arcángel Gabriel también se le apareció por esta misma época. Al principio las voces la asustaban, pero aprendió a aceptarlas. Con el tiempo vinieron acompañadas de visiones, pese a que apenas eran perceptibles. Aun así describió al arcángel Miguel como un caballero muy apuesto, pero se incomodaba cada vez que le pedían que describiera a las santas y a los ángeles que ella podía ver.

Tras ser rechazada en su intento de entrevistarse con un general francés, Juana tuvo una visión en la que las tropas francesas perdían una batalla contra los ingleses en la ciudad de Orleans. Tras cumplirse su predicción, ofrecieron a Juana la oportunidad de reunirse con el *dauphin*. Sus ejércitos libraban una batalla perdida contra los británicos, por consiguiente el *dauphin* estaba dispuesto a probar cualquier cosa. Juana le convenció de que le permitiera dirigir el ejército que se había formado para liberar Orleans. Montando un caballo blanco y con una armadura también blanca, Juana y su ejército derrotaron a los ingleses y les obligaron a batirse en retirada. Por este motivo se la denomina a menudo la Doncella de Orleans. Tras esto escoltó al *dauphin* hasta Reims para su coronación como Carlos VII. Poco después los ingleses la capturaron y la juzgaron por herejía y hechicería. Durante el juicio dijo al tribunal que había visto muchos ángeles, y Juana fue declarada culpable y quemada en la hoguera. Sus cenizas se esparcieron por el Sena.

Cuando Juana de Arco era niña, se consideraba al arcángel Miguel protector de Francia, por consiguiente había oído hablar mucho de él, y no sorprende que fuera Miguel el primer ángel con el que se comunicó.

George Washington

Durante el invierno de 1777, George Washington y sus hombres se retiraron a Valley Forge tras varios enfrentamientos desastrosos con el ejército británico. Un día, el dirigente trabajaba en su despacho cuando una luz intensa iluminó la habitación. Al alzar la vista encontró a una mujer de singular belleza de pie frente a él, ataviada con un vestido azul plateado. Washington le preguntó cuatro veces qué quería, sin recibir respuesta, pues ella se limitaba a alzar un poco los ojos. Washington, que encontraba imposible moverse, continuó sin habla mientras miraba a los ojos de la mujer. Cuando compartió su experiencia explicó que no podía pensar, moverse ni razonar; no hizo otra cosa que contemplar a la hermosa dama.

La mujer habló por fin. «¡Hijo de la República —manifestó—, mira y aprende!» Washington vio entonces una cortina de vaho en la distancia, y cuando las nubes se disiparon distinguió una enorme planicie sobre la que se extendían todas las regiones del mundo. La aparición repitió las mismas palabras otra vez, y Washington fue capaz de apreciar un ángel sombrío flotando en el aire entre América y Europa. Este ser hundió las manos en el océano; con la mano derecha roció agua sobre América y con la izquierda sobre Europa. Sobre ambos continentes se formaron oscuros nubarrones, que luego se unieron por encima del océano. A continuación se dirigieron hacia América, que quedó envuelta en la niebla. Washington vislumbró entonces unos relámpagos, mientras oía gemidos y otros sonidos que proferían los americanos.

El ángel hundió de nuevo las manos en el océano y salpicó de nuevo América y Europa. Esto hizo que la nube oscura se retirara y regresara al mar, donde desapareció de su vista. De nuevo, la extraña mujer declaró, «¡Hijo de la República, mira y aprende!» Washington miró América y vio pueblos, ciudades y grandes urbes brotando por todo el territorio. La mujer habló de nuevo: «Hijo de la República, llega el final del siglo. Mira y aprende». El ángel dirigió la vista hacia el sur, y Washington vio un espectro acercándose hacia América y volando lentamente sobre todos los asentamientos. La gente salía de las casas preparándose para pelear unos contra otros. Washington vio entonces un ángel con una corona de luz en la frente, y dentro de la luz leyó la palabra «Unión». El ángel portaba la bandera americana, la cual colocó entre las facciones enfrentadas al tiempo que decía, «Recordad, sois hermanos». De inmediato, la gente arrojó las armas y volvieron a ser amigos.

Una vez más, la mujer declaró, «¡Hijo de la República, mira y aprende!» El ángel sombrío hizo sonar tres veces una trompeta y roció más agua sobre Europa, Asia y África. Densas nubes negras se elevaron de cada uno de estos tres territorios y se unieron en el cielo. Washington distinguió una luz rojiza oscura entre los nubarrones, y esa luz reveló a miles de hombres armados encaminándose hacia América por tierra y mar. La nube se desplazó hasta cubrir toda América, y los ejércitos destruyeron todas las ciudades, pueblos y aldeas.

Entre el fragor de estos combates, George Washington de nuevo oyó las palabras, «¡Hijo de la República, mira y aprende!» El ángel oscuro volvió a acercarse la trompeta a los labios para hacerla sonar una única y última vez.

Al instante, una luz de increíble potencia iluminó la escena, y la nube oscura se disipó. El ángel —que además de la corona de luz con la palabra «Unión» llevaba la bandera nacional en una mano y la espada en la otra— descendió acompañado por miles de espíritus blancos y participó en la contienda para ayudar a los ciudadanos americanos. La extraña voz repitió, «¡Hijo de la República, mira y aprende!» El ángel oscuro cogió de nuevo agua del océano y la roció por toda América. Los restos de la nube negra se alejaron junto con los ejércitos enemigos, y Washington contempló América, triunfadora una vez más.

Al instante empezaron a aparecer ciudades, pueblos y aldeas, y el ángel con la corona de luz plantó la bandera en el centro, proclamando en voz alta, «Mientras permanezcan las estrellas, y el cielo envíe su rocío sobre la tierra, así la Unión perdurará». Se quitó la corona con la palabra «Unión» y la colocó en la bandera. Todo el mundo se arrodilló y dijo «Amén».

Washington escribió que la escena empezó a desvanecerse hasta desaparecer, sin dejar rastro a excepción del vaho. Una vez se disipó,

Washington vio a la misteriosa mujer de nuevo. «Hijo de la República —dijo—. Lo que has visto se interpreta así: tres grandes peligros caerán sobre la República. El más temible es el tercero, pero en este gran conflicto el mundo entero unido no podrá imponerse a ella. Que todo hijo de la República aprenda a vivir para su Dios, su tierra y la Unión.»

George Washington, un cristiano devoto, creía que esta visión le había mostrado el nacimiento de Estados Unidos, su progresión y destino final.

San Francisco de Asís

San Francisco de Asís es la única persona conocida a quien se le ha aparecido un miembro de los serafines, los ángeles más próximos a Dios. El 14 de septiembre de 1224, Francisco hacía ayuno y oraba en las montañas cuando vio descender del cielo a un serafín con seis alas relucientes y llameantes. Tras una larga conversación entre el religioso y el ser celestial, el cuerpo de Francisco exhibía estigmas, que son marcas similares a las llagas provocadas a Jesús en la cruz. Se considera el de Francisco el primer caso en la historia de estigmatización de origen sobrenatural. Durante los dos años que le quedaban de vida, Francisco vivió en constante dolor como consecuencia de estas heridas.

Una antigua leyenda afirma que san Francisco ha sido uno de los pocos seres humanos que se ha transformado en ángel, pues según cuentan se convirtió en Ramiel. El ejemplo más notable de hombre convertido en ángel es el profeta Enoc, que se transformó en el importante ángel Metatrón. Jacob pasó a ser el arcángel Uriel, y el profeta Elías se convirtió en Sandalfón. Los miembros de la Iglesia de los Santos de los Últimos Días creen que el ángel Moroni fue originalmente un hombre que tenía este mismo nombre.

San Juan Bosco

San Juan Bosco tenía un ángel de la guarda de lo más inusual, que se aparecía en forma de un enorme perro llamado *Gris*. Juan consagró su vida al cuidado de niños sin hogar en Turín, Italia. Era una labor peligrosa ya que muchos de estos críos a los que Juan intentaba ayudar le robaban y golpeaban. La gente del lugar tampoco veía bien lo que hacía, prefería que los chicos vivieran en otro lugar en vez de hacerlo en su vecindario.

Una noche de 1852, Juan oraba a Dios pidiendo ayuda, pues cada vez le resultaba más difícil desarrollar su labor. Al poco rato reparó en la presencia de un enorme perro gris a su lado. Parecía amistoso, pero Juan se puso nervioso por su parecido con un lobo. Decidió hablarle al perro, el cual se acercó de inmediato al religioso para sentarse a su lado, y Juan determinó al instante llamar al perro *Gris*, «Grigio» en italiano. El can acompañó a Juan hasta casa, tras lo cual se marchó.

El educador no volvió a ver a *Gris* hasta que, días después, tuvo que atravesar una zona peligrosa de la ciudad. El encuentro se convirtió en una rutina habitual: cada vez que Juan transitaba por una zona de riesgo, aparecía *Gris*. En una ocasión en que Juan recibió dos disparos, *Gris* persiguió al pistolero, que huyó aterrorizado. El perro salvó a Juan varias veces más, pero su propósito principal era acompañar al santo cada vez que hacía un trabajo peligroso.

En otra ocasión, *Gris* se negaba a permitir que Juan saliera de casa. Al final, el sacerdote cedió, porque sabía que el perro tendría un motivo para impedir que saliese. *Gris* acompañó a San Juan Bosco durante más de treinta años, y tras su muerte continuó protegiendo a las hermanas de la Congregación Salesiana que el educador había fundado.

Charles Lindbergh

Charles Lindbergh fue el primer hombre que cruzó el Atlántico en un vuelo ininterrumpido en solitario, pilotando desde Nueva York a París su monoplano, *el Espíritu de San Luis*. En sus memorias refirió la ayuda recibida de los ángeles mientras realizaba este largo y arriesgado vuelo. «Estos fantasmas hablan con voz humana... formas amistosas, vaporosas, sin sustancia, capaces de desvanecerse o aparecer al gusto, de entrar y salir a través del fuselaje como si no hubiera paredes ahí» (Lindbergh, 1953, p. 389).

Martin Luther King

Martin Luther King vivió una experiencia con ángeles a los veintisiete años. Era un joven pastor baptista que residía con su esposa, Coretta, y su hija de dos meses en Montgomery, Alabama. Se oponía a la segregación y había accedido a liderar el boicot a la red de autobuses de su ciudad, iniciado con la negativa de Rosa Parks a ceder su asiento a un hombre blanco. No obstante, King no estaba preparado para las amenazas y abusos que iba a sufrir como resultado.

Una noche a altas horas, tras recibir una amenaza especialmente desagradable por teléfono, se fue hacia la cocina para preparar café. Se puso a rezar y explicó a Dios que ya no era capaz de hacer frente a la situación él solo. De repente se percató de que había alguien con él en la cocina. Percibió una presencia y seguidamente una voz diciéndole que no estaba solo y que había sido elegido para luchar contra la injusticia. Después de este suceso supo que, por muchas dificultades que encontrara en el camino, sería capaz de hacerse cargo porque tenía apoyo angelical.

A King le habían amenazado con atacar su casa si no desaparecía de la ciudad en tres días y, poco después de la experiencia en la cocina, alguien arrojó una bomba contra su casa. Por suerte, nadie salió malherido, y una sensación de paz y determinación llenó al pastor. Cuando una furiosa multitud se reunió indignada a las puertas de su vivienda, el activista proclamó que debían combatir el odio con amor y no contestar jamás con violencia a la violencia. Sus palabras calmaron a todos los congregados, que se fueron para casa sin más incidentes (Webber, 2009).

Ann Cannady

En diciembre de 1993, la revista *Time* publicó un tema de portada sobre los ángeles. Incluía la historia de Ann Cannady, a quien habían diagnosticado un cáncer uterino en 1977. Unos años antes, su esposo Gary, sargento mayor retirado del Ejército del Aire estadounidense, ya había perdido a su primera esposa por la misma enfermedad, y por este motivo no confiaba en contar con fuerzas suficientes para pasar por la misma dura prueba. Durante ocho semanas Ann y su marido se dedicaron a rezar y pedir ayuda.

Alguien se acercó a su puerta tres días antes de la cita en el hospital para una operación. Al abrir, Ann se encontró ante un gran hombre negro con «ojos de un azul celeste muy muy intenso». Calculó que medía casi dos metros de altura. El hombre se presentó como Thomas y le comunicó que su cáncer ya había desaparecido. Ann preguntó, «¿Cómo sabe mi nombre y cómo sabe que tengo cáncer?», a lo que el hombre respondió, «Soy Thomas, me envía Dios».

Cuando el hombre alzó la palma derecha de la mano, Ann sintió un intenso calor. Las piernas le flaquearon de tal modo que se cayó al suelo. Una fuerte luz blanca se propagó desde sus pies a lo alto de la cabeza mientras Thomas citaba unas palabras de la Biblia: «Y por su llaga, fuimos nosotros curados» (Isaías 53:5).

En cuanto Thomas se marchó, Ann llamó al cirujano para informarle de que ya no necesitaba operarse. El médico le dijo que le practicarían una biopsia previa a la intervención, y si resultaba positiva procederían a operarla. Ann accedió a la propuesta. Tras la biopsia, el doctor entró en su habitación con aspecto perplejo y confundido. Le anunció que la biopsia daba un resultado totalmente limpio, y que habían mandado la muestra a otro laboratorio para hacer más pruebas.

Ann regresó a casa sin cáncer, y nunca volvió a padecer esta enfermedad. Es un caso bien documentado. Incluso el médico de Ann declaró que había «presenciado un milagro médico» (Gibbs, 1993, pp. 59-60).

En el momento actual, parecen producirse más apariciones de ángeles que nunca. No obstante, la tendencia podría responder al hecho de que explicar al mundo tales experiencias resulta más fácil hoy en día que en el pasado. Si se le apareciera un ángel a alguien que viviera en una pequeña ciudad cien años atrás, las únicas personas que se enterarían serían probablemente la familia y amigos próximos. En nuestro días, las noticias pueden difundirse por todo el mundo en cuestión de horas.

Conclusión

Desde que nacemos, vivimos rodeados de ángeles. Por desgracia, la mayoría de nosotros no les hacemos caso ni sabemos siquiera que están ahí. Las personas que viven sin reparar en estos seres celestiales se pierden la maravillosa sensación de dicha y bienestar que conlleva la dimensión sagrada de la vida. Todos los aspectos de tu vida mejorarán en cuanto aceptes a los ángeles en tu mundo. Están ahí para ayudarte tanto en los buenos momentos como en los malos. Cada encuentro angelical potenciará tu fe y mejorará el contacto con el arquitecto del universo.

No siempre es fácil determinar a qué ángel deberías invocar en una situación específica. Por regla general, tu primera opción debería ser el ángel de la guarda. Si tu propósito es eliminar negatividad de tu vida, deberías invocar a los ángeles de los elementos. También puedes recurrir a ellos si necesitas una energía específica. Los ángeles de la tierra te aportarán estabilidad. Los del aire proporcionarán la energía y capacidad para expresar la mente. Los del agua restaurarán tu equilibrio emocional, y los del fuego favorecerán tu entusiasmo y deseo de conocimiento. Los ángeles del zodiaco son una buena opción si estás haciendo planes para el futuro. Puedes invocar en cualquier momento a los ángeles de la sanación, sobre todo si padeces estrés o acusas un cansancio excesivo. También deberías invocarlos cada vez que necesites curarte o bien lo necesite alguien especial en tu vida, una mascota de tu familia o incluso una planta. También puedes solicitar la curación de países, ciudades y personas que no has conocido nunca. Es probable que encuentres más fácil comunicarte con algunos ángeles que con otros, algo comprensible, ya que cada ser angelical es diferente, tal como sucede con la gente. Invierte un poco de tiempo y esfuerzo en comunicarte con los ángeles que no responden del modo esperado. Tal vez te estén poniendo a prueba o quizá tú te estés aproximando a ellos de un modo incorrecto. Con el tiempo, no tendrás problemas de comunicación con los miembros del reino angelical.

Ahora depende de ti. Establece tu propio espacio sagrado, donde estés disponible para la comunicación angelical. Mantén una actitud positiva e ilusionada, y ábrete al contacto celestial. Lo más probable es que recibas mensajes en forma de pensamientos, intuiciones o sueños. Cuando la gente se comunica con los ángeles, aprecia la dimensión mística. Albert Einstein, el gran físico y filósofo, escribió lo siguiente:

La más bella y profunda emoción que nos es dada es la experiencia mística. Es ella la que genera toda ciencia verdadera. Quien desconozca esta sensación, quien sea incapaz de quedar maravillado y de admirar con éxtasis, puede considerarse igual que muerto. Saber que existe lo que para nosotros es impenetrable, manifestándose como la más alta sabiduría y más radiante belleza, que nuestras pobres facultades solo pueden entender en sus formas más primitivas… este conocimiento, esta sensación está en el corazón de nuestra verdadera religiosidad. (Einstein, 1931, p. 6).

Te deseo lo mejor en tus exploraciones del mundo angelical y que puedas experimentar la dimensión mística cada día de tu vida.

Apéndice A

Ángeles en el arte, la literatura y la música

Los ángeles han desempeñado un importante papel en el arte y la literatura durante miles de años. Las primeras imágenes de figuras aladas parecidas a ángeles son unas esculturas realizadas en el Antiguo Egipto hace aproximadamente seis mil años. Son anteriores al libro del Éxodo de la Biblia. En el templo de Salomón, dos querubines tallados vigilaban el Arca de la Alianza. Cuando los babilonios destruyeron el templo el año 586 a.e.c., el Arca y los querubines se perdieron para siempre. Se encuentran ángeles o figuras similares a estos en la mitología clásica, el zoroastrismo, el hinduismo, el budismo y el taoísmo.

Los antiguos griegos y romanos ya reprodujeron figuras aladas mucho antes del inicio del cristianismo. Eros, el dios griego del amor, es un buen ejemplo. Se le representa siempre como un joven con alas. La diosa Niké, o Victoria, aparece también por lo general con alas, animando a los atletas a vencer. La segunda pieza más popular del Louvre de París es precisamente una escultura de Niké, de casi dos metros y medio, que se remonta al año 190 a.e.c.

aproximadamente. Niké era una diosa popular tanto en Grecia como en Roma.

Ángeles en el arte

Los ángeles tal y como los concebimos en la actualidad se basan en las obras de los primeros artistas cristianos. Con alguna excepción, los artistas judíos y musulmanes eran en general reacios a representar ángeles en sus obras. Esto se debe a una preocupación histórica según la cual crear imágenes sagradas pueda incitar a que la gente las adore.

Las primeras representaciones cristianas de ángeles se remontan al siglo III, no obstante no se reproducen con alas hasta un siglo después. Los mosaicos de la nave de la basílica de Santa Maria Maggiore en Roma, de comienzos del siglo V, mostraban una gran cantidad de ángeles vestidos con togas blancas, con halos y alas (Fletcher, 2016).

Por lo general, los artistas cristianos trabajaban con dos propósitos principales: los cuadros, frescos, murales y esculturas cumplían la función de embellecer las iglesias; además de esto, en una época en que la mayoría de la población era analfabeta, estas obras de arte ayudaban a que la gente aprendiese y memorizase acontecimientos importantes de la Biblia. Los ángeles servían en muchos casos para dar a los cuadros una apariencia sagrada y religiosa, y por lo general aparecían en el fondo. Otras obras los representaban como protagonistas de los Once Actos Bíblicos de los Ángeles. Son las siguientes:

1. *La caída de Lucifer.* Es la historia de la expulsión de Lucifer del cielo (Apocalipsis 12: 3-4). William Blake y Gustave Doré son dos artistas que han recreado este episodio. Una poderosa estatua moderna de Lucifer caído, del artista Paul Fryer, se puede admirar en la iglesia de la Santísima Trinidad de Marylebone, en Londres.

2. *Expulsión del Edén de Adán y Eva*. Cuando Adán fue expulsado del Paraíso, Dios colocó querubines en el lado este del jardín del Edén, junto con una espada llameante, para guardar el acceso al Árbol de la Vida (Génesis 3:24). La representación más famosa de este incidente posiblemente sea la pintada por Masaccio en 1425. Puede contemplarse en la iglesia de Santa Maria del Carmine, en Florencia.

3. *Visita de los tres ángeles a Abraham*. Al profeta se le aparecieron tres ángeles y le contaron que su esposa, ya mayor, iba a quedarse embarazada y dar a luz un hijo llamado Isaac (Génesis 18). La Biblia no identifica a estos tres ángeles, pero el Talmud dice que son Miguel, Gabriel y Rafael (Baba Metzia 86b). El ejemplo más hermoso que he visto de este tema es la pintura de Rafael en el Vaticano en la que tres jóvenes (los ángeles) se hallan de pie ante Abraham. Aunque no tienen alas, es obvio que son los ángeles. Esta obra es completamente diferente al cuadro de Murillo sobre el mismo tema, en el que los tres hombres tienen aspecto de viajeros en vez de parecer mensajeros divinos (este cuadro de Murillo puede admirarse en la National Gallery de Canadá, en Ottawa). Marc Chagall, a quien fascinaban los ángeles, pintó en 1931 una versión moderna de esta escena con ángeles alados. Se halla en el Musée National Message Biblique Marc Chagall de Niza.

4. *El ángel del Señor evita que Abraham sacrifique a su hijo*. Dios puso a prueba al profeta pidiéndole que sacrificara a su único hijo, Isaac. Después de atarlo y ponerlo sobre el altar, Abraham cogió un cuchillo para matarlo. Un ángel del Señor le dijo que ya había demostrado su devoción y que no debía proseguir con el sacrificio (Génesis 22:12). Abraham sacrificó entonces un carnero en vez de matar a su hijo. Rembrandt y Caravaggio son dos de los muchos artistas que han pintado esta escena.

5. *Jacob lucha con un ángel.* Jacob pasó toda una noche luchando con un ángel. Al amanecer, cuando este comprendió que no podía derrotar a su contrincante, tocó a Jacob en el muslo, dislocándolo. El ángel bendijo a Jacob, pero se negó a decirle su nombre (Génesis 32:24-30). Rembrandt, Eugène Delacroix y Paul Gauguin han creado todos ellos obras de arte basadas en esta historia.

6. *Ángeles ascendiendo y descendiendo por la Escalera de Jacob.* Jacob tuvo un sueño en el que vio una escalera que se extendía desde la tierra hasta el cielo, con ángeles ascendiendo y descendiendo por ella (Génesis 28:12-13). El fresco del pintor Rafael en el techo de una sala del Palacio Apostólico de la Ciudad del Vaticano es, probablemente, el ejemplo más famoso de este tema. La escalera pintada por Rafael muestra tan solo unos pocos ángeles. Algunas obras la representan abarrotada de ángeles.

7. *Sadrac, Mesac y Abednego rescatados de un horno de fuego.* Sadrac, Mesac y Abednego eran tres jóvenes que se negaron a reclinarse ante el rey Nabucodonosor. Por este motivo fueron atados y arrojados a un horno en llamas. El rey no pudo contener su asombro cuando, al mirar hacia el interior del mismo, vio a cuatro hombres desatados caminando por el centro. Uno de ellos era un ángel (Daniel 3:23-28). El cuadro del pintor inglés J. M. W. Turner sobre esta escena se encuentra en la Tate Gallery de Londres.

8. *Un ángel da muerte a todo el ejército de Sennacherib.* Cuando Sennacherib, el rey asirio, amenazó a Ezequías, rey de Judea, este último oró a Dios pidiendo ayuda. El ángel del Señor destruyó durante la noche todas las fuerzas de Sennacherib (II Reyes 19:35). Leigh Hunt y Peter Paul Rubens son dos de los artistas que han reproducido esta escena.

9. *Rafael protege a Tobías*. Estos cuadros cuentan la historia de los viajes de Tobías. El arcángel Rafael aconsejó y protegió a Tobías durante el viaje e incluso le explicó cómo curar la ceguera de su padre (Tobías 5:4). Rembrandt pintó muchos cuadros basándose en esta historia.

10. *El castigo de Heliodoro*. Esta historia procede del segundo libro de los Macabeos, otro volumen de los textos apócrifos. Heliodoro, ministro del rey Seleuco, fue enviado a apropiarse del dinero destinado a los pobres del Templo de Jerusalén. Dos ángeles le golpearon y sobrevivió gracias a la intervención de Onías, el sumo sacerdote, que rezó por él (II Macabeos 3). En el Palacio Apostólico del Vaticano se halla el famoso fresco que recrea esta historia, obra del pintor Rafael. Da la casualidad que el techo de esta estancia es un fresco de la Escalera de Jacob, del mismo artista.

11. *La Anunciación*. La Anunciación es la más famosa historia bíblica sobre los ángeles. Narra la historia de la visita de Gabriel a María para comunicarle que iba a dar a luz un hijo al que llamaría Jesús (Lucas 1:26-33). La Anunciación la han reproducido infinidad de pintores y escultores desde el siglo XI como mínimo, cuando ya aparece clasificada como «escultura gótica y vidriera» (Jameson, 1890, p. 211). Un buen ejemplo de esta escena es el grabado de Alberto Durero. La obra de Miguel Ángel sobre La Anunciación constituye una de las pocas ocasiones en que el artista pintó ángeles con alas. Rafael, Jan van Eyck, Rembrandt, Poussin y Tintoretto son solo algunos de los muchos artistas que han plasmado esta escena.

El interés primordial de los pintores medievales era transmitir un mensaje espiritual, y por consiguiente sus figuras parecían rígidas, carentes de vida. Como en el reino de los ángeles no existe el tiempo, normalmente representaban a estos seres celestiales como apuestos jóvenes que nunca envejecían. Las jerarquías de ángeles aparecían reflejadas en muchos casos como círculos de cabezas con alas, cada ángel exhibiendo dos, cuatro o seis alas. Es raro ver más de dos círculos de serafines y querubines. Los pintores llamaban a las cúpulas pobladas por esos seres «gloria de ángeles». Uno de los ejemplos más asombrosos es el cuadro renacentista *La coronación de la Virgen* del pintor italiano Ambrogio Bergognone, cuyos ángeles tienen el cuerpo envuelto en una túnica y tocan instrumentos musicales. Puesto que siempre se dice que en el cielo hay coros angelicales, no es de extrañar que se represente a menudo a los ángeles cantando o tocando instrumentos.

Giotto fue uno de los primeros artistas que dotó de personalidad y vida a sus figuras. Era un pintor prolífico que realizó innumerables retratos de ángeles. Su *Huida a Egipto* muestra a Jesús, María y José protegidos por un ángel volador. Fray Angélico («Hermano Angelical») era un monje dominico que se ganó este apodo de sus colegas. Fue uno de los primeros artistas que pintó ángeles con forma femenina. Los ángeles de Leonardo da Vinci parecían a punto de sonreír. El pintor Rafael llevaba el nombre del gran arcángel, y de adulto pintó numerosos ángeles. Los suyos carecían de género y en ocasiones ni siquiera tenían alas. Miguel Ángel, el gran pintor y escultor italiano del Renacimiento, también llevaba el nombre de un arcángel. Su trabajo en la bóveda de la Capilla Sixtina probablemente sea la obra de arte más célebre que incluye ángeles. Los seres celestiales pintados por Correggio parecían niños preciosos.

En épocas más recientes, Auguste Rodin, el escultor francés, creó ángeles que parecían dotados de vida. Max Ernst, fundador del movimiento dadaísta en Alemania, pintó muchos, al igual que Paul Klee, el artista suizo. El pintor más distinguido de épocas recientes que ha dedicado su obra a los ángeles es Marc Chagall, el artista ruso obsesionado por estos seres alados. Una de sus obras de arte más famosas es *La caída del ángel.*

Dada la popularidad de los ángeles en el arte cristiano, a veces parecen estar en todas partes. En una visita reciente a la abadía de Westminster, en Londres, me cautivó el friso del ángel en la capilla de Enrique VII. Los ángeles aparecen ataviados con túnicas y las fajas que rodean sus cinturas van atadas con nudos corredizos.

Ángeles en la literatura

Los artistas han contribuido en gran medida a nuestra percepción de cómo son los ángeles y los escritores también han hecho su aportación. *El paraíso perdido* de John Milton es un ejemplo asombroso. Hace más de un siglo, el poeta inglés Francis Thompson escribió estas líneas introductorias a «Ex Ore Infantium»:

Jesusito, ¿fuiste tímido
En algún tiempo, y tan pequeño como yo?
¿Y qué se sentía al encontrarse
Fuera del Cielo, igual que yo mismo?
¿Pensaste en él alguna vez,
Y te preguntaste dónde estaban todos los ángeles?

(Thompson, 1893)

En las sección *Paraíso* del poema épico de *La Divina Comedia*, Dante Alighieri, el poeta italiano, escribió con gran sensibilidad sobre los ángeles del jardín del Edén. Cuando Beatriz, que en el poema es el ángel de la guarda de Dante, le lleva a ver el paraíso, los describe del modo siguiente:

Enteros sus rostros eran de llama viva,
y las alas de oro, y el resto tan blanco,
que ninguna nieve hasta ese blanco arriba.

(Paraíso, canto XXXI, 13-15)

En *Hamlet*, William Shakespeare hizo mención a los ángeles en dos ocasiones. La primera es en el acto 1, escena 4, cuando Hamlet dice, «Ángeles y ministros de piedad defendednos!» (línea 39). En el acto final, Horacio se despide de su difunto amigo Hamlet: «Adiós, adiós, amado Príncipe. ¡Los coros angélicos te acompañen al celeste descanso!» (acto 5, escena 10, línea 245).

John Milton escribió el poema épico *El paraíso perdido*, cuyos personajes principales son ángeles. La historia de Milton explica la caída de los seres humanos. Satán y otros ángeles caídos conspiraron para que Adán comiera el fruto prohibido. Aunque Rafael visitó a Adán y a Eva para advertirles de que no contrariaran la voluntad de Dios, hablándole también a Adán de la guerra en el cielo y de cómo Satán y sus partidarios habían acabado en el infierno, por desgracia, Adán y Eva comieron la manzana. Miguel fue el encargado de acompañarles para salir del paraíso. Por suerte, el arcángel consoló a Adán hablándole de acontecimientos futuros como el nacimiento de Cristo. A Adán le complació enterarse de que en el futuro todo el mundo tendría la oportunidad de hacerse cristiano.

Como es natural, este poema de enorme popularidad incluía las ideas poco ortodoxas de Milton acerca de los ángeles. En este relato épico comen y a veces sangran, y en un momento dado Rafael le explica a Adán que incluso disfrutan del sexo:

Que te baste saber que somos felices, y que sin amor no hay
felicidad. Ese puro, aunque corpóreo deleite de que disfrutas,
porque tú has sido creado puro, nosotros lo gozamos en sumo
grado; no hallamos embarazo alguno en las partes de nuestro
cuerpo. Si los espíritus se acercan, se confunden totalmente,
más que el aire con el aire, aunándose la pureza
de sus esencias, y no viéndose en la precisión de juntar
la carne con la carne, y el alma con el alma.

(Libro 8, 623-628)

A principios del siglo XIX hubo unos cuantos poetas que escribieron himnos épicos sobre temas bíblicos, mostrando especial interés en la historia de Enoc, su ascensión al cielo y la caída de los Grigori u Observadores, los ángeles licenciosos que descendieron a la tierra para hacer el amor con seres humanos. El poema de James Montgomery *The World Before the Flood* se publicó en 1813. A continuación vino *The Angel of the World* de George Croly en 1820; *Irad and Adah, a Tale of the Flood* de Thomas Dale en 1821; *The Loves of the Angels* de Thomas Moore en 1822, y *Heaven and Earth* de Lord Byron en 1823. Estos poemas épicos no son muy leídos en nuestros días, pero fueron muy populares en su época.

Casualmente Lord Byron también escribió en tono más humorístico sobre los ángeles, como demuestra este ejemplo de *The Vision of Judgement* de Quevedo Redivivus (pseudónimo):

Los ángeles cantaban todos ellos desafinados,
Roncos pues tenían poco más que hacer,
Excepto fastidiar al sol y a la luna
O controlar a alguna que otra estrellita fugitiva.

(Byron, 1828, p. 487)

La poesía de Leigh Hunt «Abou Ben Adhem» sobre la tolerancia racial y religiosa, se ha convertido en uno de los poemas más populares sobre ángeles. Comienza así:

Abou Ben Adhem (grande puede ser su prole)
Se despertó una noche de un profundo y pacífico sueño,
Contemplando cómo refulgía la luna en su habitación,
Adornándola, y como un floreciente lirio,
Un alado ángel escribía en un áureo cuaderno.

(citado en la antología *By Heart*, 1965, versos 1-5)

Emily Dickinson, la poetisa americana, escribió a menudo sobre los seres celestiales. Me gusta especialmente la poesía «Angels in the Early Morning», que describe a unos ángeles sonrientes que recogen flores.

Otro poema famoso sobre ángeles es «Sandalphon», de Henry Wadsworth Longfellow. He aquí la primera estrofa:

¿Has leído en el viejo Talmud
En las leyendas contadas por los rabinos
De reinos ilimitados del aire,
Lo has leído… la maravillosa historia
De Sandalfón, el Ángel de Gloria,
Sandalfón, Ángel de Oración?

(Longfellow, 1858)

Los novelistas también han dedicado páginas al cielo y a los ángeles. Mark Twain, el gran autor americano, escribió un libro llamado *Captain Stormfield's Visit to Heaven* (El Capitán Tormenta visita el cielo). Cuenta la historia de un malhumorado capitán que muere y va al cielo. Una vez allí pide su halo y arpa. Haciendo gala de su famoso sentido del humor, Mark Twain se burla con tacto de la visión tradicional de los ángeles.

Este mismo autor escribió, además, un cuento llamado «A Singular Episode: The Reception of Sam Jones in Heaven» (Un episodio singular: la recepción de Sam Jones en el cielo). En esta historia, el arzobispo de Canterbury descubre que los ángeles hablan chino con «acento celestial». Sam Jones roba al arzobispo el abono de tren y lo sustituye por el suyo. Esto da lugar a que confundan sus identidades en el cielo, donde Sam predica a todo el que encuentra empleando un «lenguaje que hizo temblar el lugar». En menos de una semana, todo el mundo se había ido del cielo, dejando a Sam Jones ahí a solas.

George Bernard Shaw, el dramaturgo inglés, también tenía un notable sentido del humor. Escribió un relato breve llamado *Aerial*

Football: The New Game (Balompié aéreo: el nuevo deporte), que explica la historia de las almas de un altivo obispo inglés y su mujer de la limpieza al llegar al cielo. El obispo esperaba ser tratado con la misma reverencia y respeto que disfrutaba en la tierra. Al descubrir que lo trataban exactamente igual que a todos los demás, se largó. No obstante, no tardó en regresar. Se quitó la mitra, metió el mandil de obispo dentro y, con un fuerte grito, la mandó de una patada por los aires. Todos los ángeles y santos aullaron también, y pronto se encontraron todos jugando un partido de «balompié aéreo» empleando la mitra como balón.

La mayoría de las historias sobre ángeles no son tan humorísticas. *Un señor muy viejo con unas alas enormes*, el cuento del autor colombiano Gabriel García Márquez, habla de un ángel viejo y confundido al cual una pareja encuentra en su patio. Al percatarse de que es un ángel lo acogen en el gallinero durante varios años. Los vecinos vienen a visitarlo e incluso le roban plumas de las alas con la esperanza de ver algún milagro. Al final, la pareja empieza a cobrar dinero a los visitantes. Una feria de fenómenos ambulantes llega al pueblo y entonces los habitantes pierden interés por el ser alado al ir en manada a ver a la mujer araña y otras atracciones. El ángel empieza por fin a recuperar las fuerzas, sus alas vuelven a crecer y pasa las tardes cantando baladas de marineros. Un día, extiende las alas y regresa volando al cielo. La moraleja de la historia es que los humanos no sabemos apreciar las maravillas increíbles que tenemos a nuestro alrededor.

Bernard Malamud escribió un relato breve llamado «The Angel Levine» (El ángel Levine) sobre un sastre judío en Nueva York y su ángel de la guarda negro. Al principio, el sastre se niega a creer que su ángel de la guarda sea de hecho un ángel. Solo cuando sus problemas no paran de crecer permite finalmente que le ayude. Una versión cinematográfica de esta historia fue protagonizada por Zero Mostel y Harry Belafonte en 1970.

En 1986 se publicó *This Present Darkness* (La presente oscuridad) del conocido y prolífico escritor cristiano Frank Peretti. Cuenta la historia de los ángeles que dominan a los demonios en una pequeña ciudad universitaria. Este libro se mantuvo durante más de 150 semanas en la lista de los diez libros más vendidos de la Asociación de Vendedores Cristianos de Libros, con más de dos millones de ejemplares comprados. En 1989 se publicó su continuación, *Piercing the Darkness* (Atravesando la oscuridad).

La suerte del viticultor de la autora neozelandesa Elizabeth Knox se convirtió en todo un éxito internacional en 1998. Cuenta la historia de Xas, un ángel gay, y su aventura sentimental con Sobran Jodeau, un pobre vinatero francés, a principios del siglo XIX. Ambos se conocieron cuando Xas sujeta a Jodeau, quien estaba a punto de caer en un sopor etílico. Jodeau se convence de que Xas es su ángel de la guarda, y durante décadas, los dos se reúnen una vez al año. El libro es principalmente la historia del amor que siente Jodeau por su esposa, por su amante y por su ángel. Este libro también se llevó al cine en 1989 (*A heavenly vintage*).

Las historias sobre ángeles han ganado popularidad en los últimos veinte años. Muchas de ellas ponen en entredicho las creencias tradicionales sobre estos seres celestiales e incluyen romances y aventuras con los ángeles en los papeles protagonistas. Algunos ejemplos son la trilogía *Kissed by an Angel* (Besada por un ángel) de Elizabeth Chandler, y *Angelology* y *Angelopolis*, ambos libros de Danielle Trussoni. Un planteamiento más humorístico es el de la novela infantil de Sharon Creech, *The Unfinished Angel* (El ángel incompleto). Cuenta la historia de un ángel que claramente presenta atributos que no son los habituales en tales seres, incluida la capacidad de confundir vocablos al hablar en inglés e inventar palabras.

Ángeles en el cine

Los ángeles han aparecido en muchas películas a lo largo de los años. Posiblemente la mejor entre todas ellas sea la siempre popular *Qué bello es vivir*, producida en 1946. La única película norteamericana sobre ángeles que la precedió fue la ganadora de un Óscar *El difunto protesta*, estrenada en 1941. Cuenta la historia de un joven boxeador llamado Joe que tiene un accidente de aviación cuando se dirige a un combate. Su ángel de la guarda lo lleva al cielo. Puesto que ha muerto cincuenta años antes de lo previsto, se le concede una nueva vida como millonario amante de las diversiones.

La asombrosa película de Frank Capra *Qué bello es vivir*, con Jimmy Stewart, sigue siendo popular pese a su estreno en 1946. George Bailey, tras dedicar su vida a ayudar a los ciudadanos de su pequeña ciudad, está a punto de suicidarse, ya que piensa que van a responsabilizarle de la desaparición de ocho mil dólares de su pequeño negocio. Su ángel de la guarda, Clarence, que ha bajado a la tierra a ganarse sus alas, ayuda al deprimido hombre enseñándole cómo sería el mundo si él nunca hubiera existido.

Angels in the Outfield (1951) es otra popular película sobre el tema. Alcanzó tal éxito que en 1994 se hizo una nueva versión del film (*Ángeles*). El guion gira en torno a un grupo de ángeles que consigue cambiar la suerte de los Angels, un equipo de béisbol que lleva una mala temporada en la liga nacional y que, finalmente, consigue ganar el banderín de vencedor. Este interés de los ángeles por el béisbol lo provoca un muchacho al preguntar a su padre cuándo volverán a ser una familia, a lo que el padre responde, «Cuando los Angels ganen el banderín». El joven se toma al pie de la letra la frase del progenitor y ruega a Dios pidiéndole que ayude a los Angels a ganar. (En la versión original de 1951 la protagonista era un niña huérfana que veía ángeles.)

Michael (1996) cuenta con John Travolta como protagonista en el papel del arcángel Miguel, quien vive con una anciana en una zona remota de Iowa. Dos periodistas son enviados a investigar y descubren que Miguel de hecho tiene alas, pero también una libido activa, afición a la cerveza y un vocabulario subido de tono.

Gabriel (2007) está ambientada en el purgatorio. Gabriel adopta una forma humana para intentar devolver la luz a un lugar que se ha vuelto oscuro y peligroso. Seis arcángeles ya lo han intentado sin éxito. Gabriel tiene que defender a Samael, un ángel caído, para permitir que el bien venza al mal.

Legion (2010) es la historia de una legión de ángeles enviados por Dios para provocar el Apocalipsis. El arcángel Miguel no está conforme con esta decisión y se reúne con un grupo de desconocidos en una cafetería para intentar salvar el mundo.

Existen muchas películas protagonizadas por ángeles malos, y también unas cuantas que versan sobre ángeles que quieren convertirse en humanos, generalmente porque se han enamorado de un ser humano. Un buen ejemplo es *Cielo sobre Berlín* (1987), la historia de un ángel que se enamora de una mujer y quiere convertirse en humano, pese a no tener garantías de poder reunirse con el objeto de su amor una vez se encuentra entre los hombres. *Cielo sobre Berlín* tuvo una nueva versión inglesa titulada *City of Angels* en 1998. *I married an Angel* (1942), *Cita con un ángel muy especial* (1987), *Para siempre* (1989) y *¡Tan lejos, tan cerca!* (1993) son solo algunos ejemplos de películas sobre la atracción romántica entre un ángel y un ser humano.

Ángeles en la televisión

En las series de televisión los ángeles también gozan de popularidad. Michael Landon, protagonista en su día de *Bonanza* y *La casa de la pradera*, interpretó a un ángel llamado Jonathan Smith en la exitosa serie *Autopista hacia el cielo*, emitida entre 1984 y 1989.

Otra serie dramática que alcanzó gran fama fue *Tocados por un ángel*. Los principales protagonistas eran tres ángeles enviados a la tierra para recordar a sus habitantes que Dios no se olvida de ellos y sigue amándolos.

Dominion, un drama postapocalíptico, se emitió durante dos temporadas entre 2014 y 2015. En esta serie dos arcángeles, Gabriel y Miguel, se enfrentan entre ellos tras la desaparición de Dios.

Angels in America (2003) es una miniserie de HBO sobre seis neoyorquinos cuyas vidas se cruzan de diversas maneras. Uno de los personajes es un gay enfermo de SIDA a quien se le aparece un ángel con motivos ocultos.

Fallen, el ángel caído (2006) es una miniserie de tres capítulos sobre un adolescente que descubre que es descendiente de los Nefilims (un progenitor humano, el otro angelical) e intenta llevar una vida normal pese a tener que esquivar a los ángeles guerreros que se dedican a eliminar a todos los de su raza.

Ángeles en la música clásica

Los compositores han intentado recrear el sonido de los ángeles cantando al menos desde la época del compositor Giovanni Palestrina, del siglo xvi. Algunas fuentes consideran que compuso su *Missa Papae Marcelli* después de haber oído voces angelicales cantándole los primeros compases. En el «Sanctus» de su *Misa en si menor*, Johann Sebastian Bach empleó escalas ascendentes, motivos repetidos y armonías que intentaban recrear las diferentes jerarquías de ángeles. El *Mesías* de George Frideric Handel incluye varias referencias a ángeles, como su «Gloria a Dios». Richard Wagner compuso *Der Engel* (El Ángel), una canción sobre un ángel de la guarda. El último movimiento de la *Sinfonía n.º 8 en mi bemol mayor* de Gustav Mahler (conocida como «Sinfonía de los Mil») incluye un coro angelical. Giuseppe Verdi en una de sus óperas menos exitosas, *Giovanna d'Arco*, contrasta a los ángeles buenos con los malos por el tipo de música que cantan. Los ángeles buenos entonan música eclesiástica y los malos cantan una canción propia de un burdel. La cuarta sinfonía de Gustav Mahler incluye una voz de soprano que, como un ángel, canta las alegrías divinas. Por cierto, empleó también motivos angélicos en su segunda y tercera sinfonías. Sergei Prokófiev compuso *El ángel de fuego*, una ópera que no se estrenó en vida del compositor. La producción no estuvo lista para el inicio de la temporada y su estreno se canceló, pero para no malgastar la música, el compositor recicló parte del material aprovechándolo en su tercera sinfonía. En una parte de la misma aparece un ángel que lleva la música a una muchacha.

Ángeles en villancicos y cánticos de Navidad

No es de sorprender que los ángeles aparezcan con frecuencia en la música con la que se celebra la Navidad. Posiblemente el primer villancico que hace referencia a los ángeles es «La canción del Ángel» del organista renacentista Orlando Gibbons. Desde entonces, muchos villancicos cristianos los han mencionado. Entre los de la tradición anglosajona se incluyen: «Angels from the Realms of Glory», «Angels We Have Heard On High», «Go Tell It on the Mountain», «God Rest Ye Merry Gentlemen», «Hark! The Herald Angels Sing», «It Came upon a Midnight Clear», «I Saw Three Ships», «I Wonder as I Wander», «Mary's Boy Child», «O Come All Ye Faithful», «O Holy Night», «O Little Town of Behlehem», «Once in Royal David's City», «Silent Night», «The First Noel», «What Child is This?» y «While Shepherds Watch Their Flocks».

Ángeles en la música popular

La música popular hace alusión a los ángeles con regularidad. La canción de du-duá «Earth Angel» fue todo un éxito para los Penguins en 1954. «My Special Angel» supuso un número uno para Bobby Helms en 1957. En 1960, Rosie and the Originals publicaron «Angel Baby», un éxito enorme de la quinceañera Rosie Hamlin que permaneció en las listas durante doce semanas. John Lennon grabó su versión de la canción en 1973. La triste balada «Teen Angel» alcanzó el puesto más alto del *Billboard Hot 100* estadounidense en febrero de 1960.

«Pretty Little Angel Eyes» fue grabada por Curtis Lee en 1961. «Johnny Angel» fue la canción con la que debutó Shelley Fabares en 1962. Encarna a la hija de Donna Reed en *The Donna Reed Show* y cantó el tema por primera vez en ese programa. Elvis Presley publicó «(You're the) Devil in Disguise» en 1963; incluía la frase «Caminas como un ángel». «Angel of the Morning» se convirtió en un *hit* mundial en 1968 y ha sido grabada por innumerables artistas a lo largo de los años. «Seven Spanish Angels» fue grabada por Ray Charles y Willie Nelson en 1984. El grupo ABBA lanzó «I Have a Dream» a finales de 1979; incluía un verso que empezaba con la frase «Creo en los ángeles». Maddona compuso y grabó «Angel» en 1985. Una de las canciones más populares de *El Fantasma de la Ópera* de Andrew Lloyd Webber (1986) es «Angel of Music». Bette Midler tuvo un *hit* internacional en 1988 con una canción que casi podría calificarse como una canción de ángeles, «Wind Beneath My Wings». La grabación que hizo la Jeff Healey Band de «Angel Eyes» fue el decimoséptimo *single* más popular de Estados Unidos en 1989. «How Do You Talk to an Angel», con Jamie Walters como principal cantante, fue el número uno del *Billboard Hot 100* estadounidense en noviembre de 1992. Era el tema de la serie televisiva *The Heigths*, que se emitió desde agosto hasta noviembre de 1992. En 1997, el grupo femenino británico Eternal grabó «Angel of Mine». La versión americana, publicada por Monica en 1998, alcanzó el número uno y luego ocupó el puesto sesenta y dos entre los *singles* más populares de la década de los noventa en Estados Unidos. El mayor éxito de Robbie Williams, «Angel», compuesto junto con Guy Chambers, se convirtió en su *single* más vendido en 1997. Parece ser que escribieron esta canción en menos de veinticinco minutos.

Muchas canciones de música *country* hacen referencias a ángeles. Cabe mencionar títulos como «I Can See an Angel» de Patsy Cline, «Angels Watching Over Me» de los Oak Ridge Boys, «Angel Flying Too Close to the Ground» de Willie Nelson, «Angels» de Randy Travis, y «And the Angels Cried» de Alan Jackson y Alison Krauss.

Apéndice B

Ángeles para diferentes finalidades

A lo largo de los siglos se ha dado nombre a millares de ángeles. Algunos de ellos se interesan por ciertos temas en especial y por lo tanto puedes invocarlos siempre que necesites ayuda en un área en particular. A continuación, una lista de diversas finalidades y los ángeles que se asocian a las mismas.

Adicciones (superación): Baglis, Rafael, Uriel
Adivinación: Adad, Isaiel, Paschar, Teiaiel
Adversidad: Caliel, Sitael
Amistad: Amnediel, Anael, Cambiel, Charmeine, Mebahel
Amor: Adriel, Amnediel, Anael, Ardifiel, Asmodel, Charmeine, Donquel, Gabriel, Hagiel, Nilaihah, Rachiel, Rahmiel, Rafael, Theliel, Uzziel
Animales (protección y curación): Afriel, Behemiel, Hariel, Jehiel, Nemamiah
Armonía (entre personas): Cassiel, Gavreel, Haziel

Arrepentimiento: Miguel, Penuel, Rafael, Pastor
Artes (éxito): Akriel, Haamiah, Hariel
Bendiciones (para enviar): Hael
Buena fortuna: Barchiel, Poiel
Castigo (conveniente): Hutriel
Celos (librarse de): Ariel, Gabriel, Uriel
Ciencia: Hariel, Rafael
Compasión: Hanael, Rahmiel, Rafael, Sofia, Tifareth
Comunicación: Iezalel
Concepción: Armisael, Lailah
Confianza: Tezalel
Conocimiento: Asaliah, Rafael, Raziel, Uriel
Contemplación: Cassiel
Coraje: Chamuel, Malahidael, Metatrón, Miguel, Rafael, Samael
Creatividad: Anael, Asariel, Jofiel, Liwel, Teiazel, Vehael
Curación: Ariel, Gabriel, Miguel, Rafael, Sariel, Uriel
Daño (mental y físico): Alimon
Dinero: Anauel, Zadkiel
Divorcio: Bethnael, Gabriel, Miguel, Pallas, Rafael, Uriel
Embarazo (protección durante): Avartiel, Badpatiel, Lailah
Emociones (control): Muriel
Empleo: Anauel, Uriel
Espiritualidad: Elemiah, Haamiah, Jegudiel, Micah
Estrés: Rafael
Estudio: Akriel, Asaliah, Harahel, Iahhel, Metatrón, Miguel, Pallas, Rafael, Uriel, Vesta, Zachariel
Éxito: Gazriel, Malkiel, Perpetiel
Familia: Jeliel, Verchiel
Fe (alentarla): Abadiel, Raguel, Uzziel
Felicidad: Fiael, Lauviah, Nilaihah
Fertilidad: Abariel, Akriel, Anahita, Armisael, Borachiel, Gabriel, Samandriel
Filosofía: Mebahiah

Habilidades físicas (desarrollarlas): Amael, Azrael, Colopatiron, Paschar, Remiel

Hogar: Cahatel, Iezalel, Uriel

Impulsividad: Caliel

Independencia: Adnachiel

Intelecto: Asaliah, Zachariel

Ira (control): Affafniel, Hemah, Qispiel

Jardinería: Ariel, Uriel

Justicia: Soterasiel

Lágrimas: Sandalfon

Libertad: Terathel

Lucidez: Hakamiah

Mal (conjurarlo): Ambriel

Mal de ojo (prevenirlo): Rahmiel, Sariel

Mala memoria: Ansiel, Pathiel

Matrimonio (armonioso): Amnixiel, Gabriel

Meditación: Iahhel

Memoria: Zadkiel

Moralidad: Pahaliah

Música: Israfil, Sandalfon

Negocios (éxito en): Anauel, Ieiaiel, Mihr

Niños: Nemamiah

Obediencia: Mitzrael

Objetos perdidos: Rochel

Odio (eliminar): Gabriel

Oración: Gabriel, ángel de la guarda, Miguel, Rafael, Salafiel

Orientación (consejo): Sariel

Paciencia: Achaiah, Gabriel

Pájaros (protección de): Anpiel

Parto: Amariel, Armisael, Gabriel, Rachmiel, Temeluch, Zuriel

Pasión (invocarla): Miniel

Paz: Cassiel, Gabriel, Gavreel, Melquisedec, Valoel

Paz interior: Gavreel

Perdón: Balthial, Chamuel, Uzziel
Persistencia: Samael
Propiedad: Adriel
Prosperidad: Anauel, Ariel, Barbelo, Sachiel, Uriel
Protección: Ambriel, arcángeles, ángel de la guarda, Melahel
Purificación: Tahariel
Resolución de problemas: Achaiah
Sabiduría: Damabiah, Sagnessagiel
Salud (buena): Lelahel
Seguridad: Ihiazel, Vehuiah
Sensibilidad: Umabel
Serenidad: Cassiel
Soluciones (a problemas): Jeliel
Sueño (conciliar): Gabriel, Rafael
Sueños (incitarlos): Gabriel
Verdad: Amitiel
Viaje: Elemiah

Referencias bibliográficas

Adler, Mortimer J., *The Angels and Us*, Macmillan, Nueva York, 1982.

Alighieri, Dante, *The Divine Comedy, Part 3: Paradise*, traducción de Dorothy L. Sayers y Barbara Reynolds. Penguin Books Limited, Londres, 1963. [Hay trad. cast.: *La Divina Comedia*, Alianza Editorial, Madrid, 1998.]

Alighieri, Dante, *Dante: Paradiso*, traducción y edición de Robin Kirkpatrick, Penguin Books, Londres, 1974.

Anselmo, *Anselm of Canterbury: The Major Works* (edición de Brian Davies y G.R. Evans), Oxford University Press, Oxford, 2008.

The Ante-Nicene Fathers: The Twelve Patriarchs, Excerpts and Epistles, The Clementina, Apocrypha, Decretals, Memoirs of Edessa and Syriac Documents, Remains of the First Ages (edición de Alexander Roberts, James Donaldson, Arthur Cleveland Coxe y Allan Menzies), Charles Scribner's Sons, Nueva York, 1886.

Aquino, Tomás de, *Summa Theologica*, traducción de The Fathers of the English Province, disponible en Internet Sacred Text Archive, consulta: 14 de julio de 2016 http://sacred-texts.com/chr/aquinas/summa/index.htm. [Hay trad. cast.: *Summa teológica*, Biblioteca de Autores Cristianos, Madrid, 2013.]

Baqli, Ruzbihan, *The Unveiling of Secrets: Diary of a Sufi Master,* traducción de Carl W. Ernst, Parvadigar Press, Chapell Hill, Carolina del Norte, 1997.

Barrett, Francis, *The Magus,* Aquarian Press, Wellingborough, Gran Bretaña, 1989 (edición original 1801).

Barth, Karl, *Church Dogmatics,* vol. 3, parte 3, traducción de G. W. Bromiley y R. J. Ehrlich, T & T Clark, Edimburgo, 1960.

Bell, James Stuart (editor), *Angels, Miracles, and Heavenly Encounters: Real-Life Stories of Supernatural Events,* Bethany House Publishers, Minneapolis, 2012.

Biriotti, Sophie (editora), *The Possibility of Angels: A Literary Anthology,* Chronicle Books, San Francisco, 1997.

Black, Matthew, *The Book of Enoch or 1 Enoch,* E. J. Brill, Leiden, Países Bajos, 1985.

Bloom, Harold, *Omens of Millennium: The Gnosis of Angels, Dreams, and Resurrection,* Riverhead Books, Nueva York, 1996. [Hay trad. cast.: *Presagios del milenio: La gnosis de los ángeles, el milenio y la resurrección,* Anagrama, Barcelona, 1997.]

Burnham, Sophy, *A Book of Angels,* Ballantine Books, Nueva York, 1990. [Hay trad. cast.: *El libro de los ángeles.* MR Ediciones, Barcelona, 1995.]

Bussagli Marco, *Angels,* Abrams Books, Nueva York, 2007. [Hay trad. cast.: *Ángeles. Orígenes, historias e imágenes de las criaturas celestiales,* Editorial Everest, Barcelona, 2007.]

By Heart: An Anthology of Memorable Poems Chosen from All Periods (edición de Francis Maynell), Nonesuch Press, Londres, 1965.

Byron, George Gordon, *The Works of Lord Byron: Including the Supressed Poems,* A. & W. Galignani, París, 1828. Consulta en

HathiTrust: https://babel.hathitrust.org/cgi/pt?id=hvd. hwnsbp;view=1up;seq=11

Charles, R. H., *The Greek Versions of the Testaments of the Twelve Patriarchs*, Clarendon Press, Oxford, 1908.

Charles, R. H., *The Book of Enoch or 1 Enoch*, Oxford University Press, Oxford, 1912.

Charles, R. H., *The Apocrypha and Pseudoepigrapha of the Old Testament in English*, Clarendon Press, Oxford, 1913.

Chase, Steven (traductor y editor), *Angelic Spirituality: Medieval Perspectives on the Ways of the Angels*, Paulist Press, Nueva York, 2002.

Conybeare, Frederick G., «The Testament of Solomon», traducción de 1898. Artículo en *Jewish Quarterly Review* 11 (octubre): pp. 15-45, editado por Joseph H. Peterson para Esoteric Archives, 1997. Disponible en http://esotericarchives.com/solomon/testamen.htm.

Cortens, Theolyn, *Living with Angels: Bringing Angels into Your Everiday Life*, Piatkus, Londres, 2003.

Cortens, Theolyn, *Working with Your Guardian Angel: An Inspirational 12-Week Programme for Finding Your Life's Purpose*, Piatkus, Londres, 2005.

Cruz, Joan Carroll, *Angels & Devils*, TAN Books, Rockford, Illinois, 2009.

Davidson, Gustav, *A Dictionary of Angels: Including the Fallen Angels*, The Free Press, Nueva York, 1967.

DeStefano, Anthony, *Angels all Around Us: A Sightseeing Guide to the Invisible World*, Image Books, Colorado Springs, Colorado, 2012.

Dickason, C. Fred, *Angels Elect and Evil*, Moody Press, Chicago, 1995 (edición original 1975).

Einstein, Albert, *Living Philosophies*, Simon and Schuster, Nueva York, 1937.

Evans, Hillary, *Gods, Spirits, Cosmic Guardians: A Comparative Study of the Encounter Experience*, The Aquarian Press, Wellingborough, Reino Unido, 1987.

Field, M. J., *Angels and Ministers of Grace: An Ethnopsychiatrist's Contribution to Biblical Criticism*, Longman Group Limited, Londres, 1971.

Fletcher, Adrian, «The Major Basilica of Santa Maria Maggiore: Triumphal Arch Mosaics (c430)», Paradox Place, consulta: 16 de julio de 2016 http://www.paradoxplace.com/Perspectives/Rome%20&%20Central%20Italy/Rome/Rome_Churches/Santa_Maria_Maggiore/Santa_Maria_Maggiore_Triumphal_Arch/Santa_Maria_Maggiore_Mosaics_T.htm.

Fodor, Nandor, *Encyclopaedia of Psychic Science*, Arthurs Press, Londres, 1933.

Garfield, Laeh Maggie, y Jack Grant, *Angels and Companions in Spirit*, Celestial Arts Publishing, Berkeley, California, 1995.

Garrett, Duane, *Angels and the New Spirituality*, Broadman & Holman Publishers, Nashville, Tennessee, 1995.

Garrett, Greg, *Entertaining Judgment: The Afterlife in Popular Imagination*, Oxford University Press, Nueva York, 2015.

Georgian, Linda, *Your Guardian Angels: Use the Power of Angelic Messengers to Empower and Enrich Your Life*, Simon and Schuster, Nueva York, 1994. [Hay trad. cast.: *Tus ángeles guardianes*, Editorial Edaf, Barcelona, 2015].

Gibbs, Nancy, «Angels Among Us», en *Time*, 27 de diciembre de 1993, pp. 59-60.

Ginzberg, Louis, *Legends of the Jews*, 2 vols, The Jewish Publication Society, Philadelphia (1909-1938), 2003.

Goddard, David, *The Sacred Magic of the Angels*, Samuel Weiser, York Beach, Maine, 1996.

González-Wippler, Migene, *Return of the Angels,* Llewellyn Publications, St. Paul, Minnesota, 1999.

Graham, Billy, *Angels: God's Secret Agents*, Word Publishing, Dallas, Texas, 1986 (edición original 1975). [Hay trad. cast.: *Los Ángeles, agentes secretos de Dios*, Grupo Nelson, Mexicali, 2012.]

Guiley, Rosemary Ellen, *Angels Of Mercy,* Pocket Books, Nueva York, 1994.

Guiley, Rosemary Ellen, *Encyclopedia of Angels*, Facts on File, Nueva York, 1996.

Hanegraaff, Wouter J., *New Age Religion and Western Culture: Esotericism in the Mirror of Secular Thought*, SUNY Press, Albany, Nueva York, 1997.

Harkness, Deborah E., *John Dee's Conversations with Angels*, Cambridge University Press, Cambridge, 1999.

Hildegarda de Bingen, *Scivius III. Hildegard von Bingen's Mystical Visions,* traducción de Bruce Hozeski, Inner Traditions, Santa Fe, Nuevo México, 1932. [Hay trad. cast.: *Scivius. Conoce los caminos*, Trotta, Madrid, 1999.]

Hodson, Geoffrey, *The Coming of the Angels,* Rider and Company, Londres, 1932.

Hodson, Geoffrey, *The Kingdom of the Gods*, The Theosophical Publishing House, Adyar, India, 1952.

Hoffman, Joel M., *The Bible's Cutting Room Floor: The Holy Scriptures Missing From Your Bible*, Thomas Dunne Books, Nueva York, 2014.

Holy Bible in the King James Version, Thomas Nelson Publishers, Nashville, Tennessee, 1984.

Humann, Harvey, *The Many Faces of Angels*, DeVorss & Company, Marina del Rey, California, 1986.

Jameson, Anna, *Legends of the Madonna*, Longmans, Green and Company, Londres, 1890 (edición original 1852).

Jameson, Anna, *Sacred and Legendary Art*, vol. 1, Houghton Mifflin and Company, Boston, 1895 (edición original 1857).

Jeremiah, David, *What the Bible Says about Angels*, Multnomah Publishers, Inc., Sisters, Oregón, 1996.

Jerónimo, *The Fathers of the Church*, vol. 117: *Commentary on Matthew* (traducido por Thomas P. Scheck), The Catholic University of America Press, Washington, DC, 2008.

Joel, *Ioelis chronographia compendaria* (edición de Immanuel Bekker), Impensis Ed. Weberi, Bonn, 1836.

Jovanovic, Pierre, *An Inquiry into Existence of Guardian Angels: A Journalist's Investigative Report*, M. Evans and Company, Inc, Nueva York, 1995. [Hay trad. cast.: ¿Existen los ángeles de la guarda? Editorial Thassàlia, Barcelona, 2000.]

Juan de Damasco, *An Exposition of the Orthodox Faith*. Book II. En *Nicene and Post-Nicene Fathers*, serie segunda, vol. 9. (traducido por E.W. Watson y L. Pullan y editado por Philip Schaff y Henry Wace), Christian Literature Publishing Co, Buffalo, Nueva York, 2009 (versión original 1899). Revisado y editado por Kevin Knight para New Advent. http://newadvent.org/fathers/33042.htm.

Juan Pablo II, «*Regina Coeli*», Sermón de Lunes de Pascua, 31 de marzo de 1997. Librería Editrice Vaticana, El Vaticano, 1997.

Disponible en http://w2.vatican.va/content/john-paul-ii/en/ angelus/1997/documents/hf_jp-ii_reg_19970331.html.

Kabbani, Shaykh Muhammad Hisham, *Angels Unveiled: A Sufi Perspective* (Prefacio a cargo de Sachiko Murata), KAZI Publications, Chicago, 1995.

Keck, David, *Angels and Angeology in the Middle Ages*, Oxford University Press, Oxford, 1998.

Lambert, Gray, *The Leaders Are Coming!: Whom Will You Follow?*, Westbow Press, Bloomington, Indiana, 2013.

Lindbergh, Charles A., *The Spirit of St. Louis*, Charles Scribner's Sons, Nueva York, 1953.

Longfellow, William Wadsworth, *The Courtship of Miles Standish and Other Poems*, Ticnor and Fields, Boston, 1858.

Loxton, Howard, *The Art of Angels*, Regency House, Londres, 1995.

Meyer, Marvin W., *The Secret Gospels of Jesus*, Darton, Longman and Todd Limited, Londres, 2005. [Hay trad. cast.: *Las enseñanzas secretas de Jesús*. Crítica, Barcelona, 1999.]

Miller-Russo, Linda, y Peter Miller-Russo, *Angelic Enlightenment: A Personal Process*, Llewellyn Publications, St. Paul, Minnesota, 1999.

Milton, John, *Harvard Classics*, vol. 4: *The Complete Poems of John Milton* (edición de Charles W. Eliot), P. F. Collier & Sons, Bartebly. com, Nueva York, 2001 (edición original 1909). http://www. bartleby.com/4/.

Moolenburgh, H. C., *A Handbook of Angels*, The C.W. Daniel Company Limited, Walden, Reino Unido, 1984.

Nahmad, Claire, *Summoning Angels: How to Call on Angels in Every Life Situation*, Watkins Publishing, Londres, 2004.

Newhouse, Flower A., *Rediscovering the Angels,* The Christward Ministry, Escondido, California, 1950.

Newhouse, Flower A., *The Kingdom of the Shining Ones,* The Christward Ministry, Escondido, California, 1955.

Newhouse, Flower A., *Angels of Nature* (edición de Stephen Isaac), Quest Books, Wheaton, Illinois, 1995.

Nichols, Sallie, *Jung and Tarot: An Archetypal Story,* Weiser Books, Nueva York, 1980. [Hay trad. cast.: *Jung y el tarot,* Editorial Kairós, Barcelona, 2012.]

Oppenheim, Adolf Leo, *Ancient Mesopotamia: Portrait of a Dead Civilization,* University of Chicago Press, Chicago, 1964. [Hay trad. cast.: *La antigua Mesopotamia,* Gredos, Madrid, 2010.]

Oxford University and Cambridge University, *The Apocrypha: translated out of the Greek and Latin tongues: being the version set forth A.D. 1611 compared with the most ancient authorities and revised A.D. 1894,* Oxford University Press, Cambridge University Press, Oxford y Cambridge, 1895. [En castellano *Evangelios apócrifos* (edición de Edmundo González Blanco), Creación Editorial, Madrid, 2000.]

Parente, Alessio, *«Send Me Your Guardian Angel» Padre Pio,* The Noteworthy Company, Ámsterdam, Nueva York, 1983.

Parisen, Maria (coor.), *Angels & Mortals: Their Co-Creative Power,* Theosophical Publishing House, Wheaton, Illinois, 1990.

Poloma, Margaret, y George Gallup, *Varieties of Prayer,* Trinity Press International, Harrisburg, Pennsylvania, 1990.

Pseudo Dionisio Areopagita, *Pseudo-Dyonisus: The Complete Works* (traducción de Colm Luiheid), Paulist Press, Mahwah, Nueva Jersey, 1987. [En castellano: *Obras completas del Pseudo Dionisio Areopagita,* Biblioteca de Autores Cristianos, Madrid, 1995.]

Redfield, James, Michael Murphy, y Sylvia Timbers, *God and the Evolving Universe*, Jeremy P. Tarcher/Putnam, Nueva York, 2002.

Richards, Larry, *Every Good and Evil Angel in the Bible*, Thomas Nelson, Inc., Nashville, Tennessee, 1998.

Roberts, Ursula, *The Mystery of the Human Aura*, The Spiritualist Association of Great Britain, Londres, 1950.

Roland, Paul, *Angels: An Introduction to Angelic Guidance, Inspiration and Love*, Piatkus, Londres, 1999.

Ronner, John, *Know Your Angels: The Angel Almanac with Biographies of 100 Prominent Angels in Legend and Folklore, and Much More*, Mamre Press, Murfreesboro, Tennessee, 1993.

Ronner, John, y Fran Gangloff, *The Angel Calendar Book: 365 Days Tied to the Angels*, Mamre Press, Murfreesboro, Tennessee, 2000.

Russell, Jeffrey Burton, *A History of Heaven: The Singing Silence*, Princeton University Press, Nueva Jersey, 1998.

Sardello, Robert (ed.), *The Angels*, Dallas Institute Publications, Dallas, Texas, 1994.

Schneible, Ann, «Be Like Children—Believe in Your Guardian Angel, Pope Says», Catholic News Agency, 4 de octubre de 2014. Disponible en http://catholicnewsagency.com/news/be-like-children-believe-in-your-guardian-angel-pope-says-55343/.

Schneider, Petra, y Gerhard K. Pieroth, *Archangels and Earthangels: An Inspiring Handbook on Spiritual Helpers in the Metaphysical and Earthly Spheres* (traducción de Christine M. Grimm), Arcana Publishing, Twin Lakes, Wisconsin, 2000.

Shakespeare, William, *Tragedies,* edición de Peter Alexander, William Collins Son & Company, Londres, 1958. [En castellano: *Tragedias de Shakespeare*, Planeta, Barcelona, 2006.]

The Shepherd of Hermas, en *The Lost Books of the Bible: Being All the Gospels, Epistles and Other Pieces Now Extant*, Alpha House, Nueva York, 2009 (edición original 1926). Revisado por John Bruno Hare. Disponible en Internet Sacred Text Archive, http://www.sacred-texts.com/bib/lbob/lbob26.htm. [Hay trad. cast.: *El pastor de Hermas* (edición de Juan José Ayán Calvo), Editorial Ciudad Nueva, Madrid, 1995.]

Skinner, Stephen, y David Rankine, *Practical Angel Magic of Dr. John Dee's Enochian Tables*, Golden Hoard Press, Singapur, 2004.

Steiner, Rudolf, *The Archangel Michael: His Mission and Ours*, Anthroposophic Press, Hudson, Nueva York, 1994.

Steinsaltz, Adin, *The Talmud: The Steinsaltz Edition,* vol. 1: *Tractate Bava Metzia, Part One*, Random House, Nueva York, 1989.

Swedenborg, Emanuel, *Heaven and Hell,* traducción de George F. Dole, Pillar Books, Nueva York, 1976. [Hay trad. cast.: *El cielo y sus maravillas y el infierno de cosas vistas y oídas*, KIER, Buenos Aires, 2013.]

The Sibylline Oracles (traducción de Milton S. Terry), Eaton and Mains, Nueva York, 1899.

Thompson, Francis, «Ex Ore Infantium», en *Merry England,* mayo, 1893.

Tyson, Donald, *Enochian Magic for Beginners: The Original System of Angel Magic*, Llewellyn Publications, St. Paul, Minnesota, 1997.

Webber, Bill, «The Angels of Martin Luther King, Jr.», disponible en Beliefnet, enero de 2009. http://www.beliefnet.com/inspiration/angels/2009/01/angels-of-martin-luther-king-jr.aspx.

Webster, Richard, *Spirit Guides & Angel Guardians: Contact Your Invisible Helpers*, Llewellyn Publications, St. Paul, Minnesota, 1998.

Webster, Richard, *Michael: Communicating with the Archangel for Guidance & Protection*, Llewellyn Publications, St. Paul, Minnesota, 2004. [Hay trad. cast.: *Miguel, comunicándose con el arcángel*, Arkano Books Madrid, 2005.]

Webster, Richard, *Gabriel: Communicating with the Archangel for Inspiration & Reconciliation*, Llewellyn Publications, St. Paul, Minnesota, 2005. [Hay trad. cast.: *Gabriel, comunicándose con el arcángel*, Arkano Books, Madrid, 2005.]

Webster, Richard, *Raphael: Communicating with the Archangel for Healing & Creativity*, Llewellyn Publications, St. Paul, Minnesota, 2005. [Hay trad. cast.: *Rafael, comunicándose con el arcángel*, Arkano Books, Madrid, 2008.]

Webster, Richard, *Uriel: Communicating with the Archangel for Transformation & Tranquility*, Llewellyn Publications, Woodbury, Minnesota, 2005. [Hay trad. cast.: *Uriel, comunicándose con el arcángel*, Arkano Books, Madrid, 2006.]

Webster, Richard, *Praying with Angels*, Llewellyn Publications, Woodbury, Minnesota, 2007.

Webster, Richard, *Encyclopedia of Angels,* Llewellyn Publications, Woodbury, Minnesota, 2009. [Hay trad. cast.: *Enciclopedia de los ángeles*, Arkano Books, Madrid, 2010.]

Webster, Richard, *Rituals for Begginers: Simple Ways to Connect to Your Spiritual Side*, Llewellyn Publications, Woodbury, Minnesota, 2016.

Wilson, Peter Lamborn, *Angels: Messengers of the Gods*, Thames and Hudson, Londres, 1980.

Von Hochheim, Eckhart, «Sermon Nine», incluido en *The Reading and Preaching of the Scriptures in the Worship of the Christian Church* de Hughes Oliphant Old, vol. 3, *The Medieval Church*, Wm. B. Eerdmans Publishing Company, Grand Rapids, Michigan, 1998.

ECOSISTEMA DIGITAL

NUESTRO PUNTO DE ENCUENTRO

www.edicionesurano.com

2 AMABOOK
Disfruta de tu rincón de lectura
y accede a todas nuestras **novedades**
en modo compra.
www.amabook.com

3 SUSCRIBOOKS
El límite lo pones tú,
lectura sin freno,
en modo suscripción.
www.suscribooks.com

DISFRUTA DE 1 MES
DE LECTURA GRATIS

1 REDES SOCIALES:
Amplio abanico
de redes para que
participes activamente.

4 APPS Y DESCARGAS
Apps que te
permitirán leer e
interactuar con
otros lectores.